ABUSO DE AUTORIDADE E SUA INADEQUAÇÃO AO CRIME DE HERMENÊUTICA

Carlos Valder do Nascimento

ABUSO DE AUTORIDADE E SUA INADEQUAÇÃO AO CRIME DE HERMENÊUTICA

Belo Horizonte

2019

© 2019 Editora Fórum Ltda.

É proibida a reprodução total ou parcial desta obra, por qualquer meio eletrônico, inclusive por processos xerográficos, sem autorização expressa do Editor.

Conselho Editorial

Adilson Abreu Dallari
Alécia Paolucci Nogueira Bicalho
Alexandre Coutinho Pagliarini
André Ramos Tavares
Carlos Ayres Britto
Carlos Mário da Silva Velloso
Cármen Lúcia Antunes Rocha
Cesar Augusto Guimarães Pereira
Clovis Beznos
Cristiana Fortini
Dinorá Adelaide Musetti Grotti
Diogo de Figueiredo Moreira Neto
Egon Bockmann Moreira
Emerson Gabardo
Fabrício Motta
Fernando Rossi
Flávio Henrique Unes Pereira

Floriano de Azevedo Marques Neto
Gustavo Justino de Oliveira
Inês Virgínia Prado Soares
Jorge Ulisses Jacoby Fernandes
Juarez Freitas
Luciano Ferraz
Lúcio Delfino
Marcia Carla Pereira Ribeiro
Márcio Cammarosano
Marcos Ehrhardt Jr.
Maria Sylvia Zanella Di Pietro
Ney José de Freitas
Oswaldo Othon de Pontes Saraiva Filho
Paulo Modesto
Romeu Felipe Bacellar Filho
Sérgio Guerra
Walber de Moura Agra

FÓRUM

Luís Cláudio Rodrigues Ferreira
Presidente e Editor

Coordenação editorial: Leonardo Eustáquio Siqueira Araújo

Av. Afonso Pena, 2770 – 15º andar – Savassi – CEP 30130-012
Belo Horizonte – Minas Gerais – Tel.: (31) 2121.4900 / 2121.4949
www.editoraforum.com.br – editoraforum@editoraforum.com.br

Técnica. Empenho. Zelo. Estes foram alguns dos cuidados aplicados na edição desta obra. No entanto, podem ocorrer erros de impressão, digitação ou mesmo restar alguma dúvida conceitual. Caso se constate algo assim, solicitamos a gentileza de nos comunicar através do e-mail <editorial@editoraforum.com.br> para que possamos esclarecer, no que couber. A sua contribuição é muito importante para mantermos a excelência editorial. A Editora Fórum agradece a sua contribuição.

Dados Internacionais de Catalogação na Publicação (CIP) de acordo com a AACR2

N244a	Nascimento, Carlos Valder do
	    Abuso de autoridade e sua inadequação ao crime de hermenêutica / Carlos Valder do Nascimento – Belo Horizonte : Fórum, 2019.
	    131p.; 14,5cm x 21,5cm
	
	    ISBN: 978-85-450-0613-8
	
	    1. Direito Processual Penal. 2. Direito Administrativo. 3. Direito Constitucional. I. Título.
	
	                                    CDD: 341.43
	                                    CDU: 343.1

Elaborado por Daniela Lopes Duarte – CRB-6/3500

Informação bibliográfica deste livro, conforme a NBR 6023:2002 da Associação Brasileira de Normas Técnicas (ABNT):

NASCIMENTO, Carlos Valder do. *Abuso de autoridade e sua inadequação ao crime de hermenêutica*. Belo Horizonte: Fórum, 2019. 131p. ISBN 978-85-450-0613-8.

Na aplicação da lei, o juiz atenderá aos fins sociais a que ela se dirige e às exigências do bem comum.

(DL nº 4.657, de 4.9.1942)

SUMÁRIO

APRESENTAÇÃO 9

INTRODUÇÃO 11

CAPÍTULO 1
TEORIA DA RESPONSABILIDADE PESSOAL 15

1.1 Considerações preliminares 15
1.2 Abrangência do sentido da expressão *abuso de autoridade* 16
1.3 Posição abusiva do agente: *abusus non tollit usum* 20
1.4 Aspectos conceituais da responsabilidade pessoal 22
1.5 Sobre o termo *autoridade* quanto à questão abusiva 26

CAPÍTULO 2
O ABUSO DE AUTORIDADE E O CRIME DE HERMENÊUTICA 31

2.1 O sentido do termo da interpretação 31
2.1.1 Pensar e decidir no domínio de autonomia funcional 31
2.1.2 A interpretação e seus elementos metodológicos 32
2.2 A noção de hermenêutica 34
2.3 A impropriedade do termo *crime de hermenêutica* 36
2.4 Responsabilidade política como controle do parlamento 41

CAPÍTULO 3
MODIFICAÇÕES DA LEGISLAÇÃO E OPOSIÇÃO DOS JUÍZES E PROMOTORES 45

3.1 Modificações na legislação que rege o abuso de autoridade 45
3.2 Preocupação dos operadores da força-tarefa e dos magistrados 51
3.3 Abuso de autoridade na perspectiva da Lava Jato 55
3.4 Desvirtuamento de regras processuais 59

CAPÍTULO 4
A INTERPRETAÇÃO CONSTITUCIONAL E O ABUSO DE AUTORIDADE 63

4.1 A problemática da interpretação e aplicação do direito 63
4.2 Possibilidade de aplicação do direito implícito 65
4.3 A intencionalidade do agente 67

4.4	Abuso de poder de autoridade e interpretação	69
4.5	Aspectos referentes à questão da hermenêutica	71
4.6	A interpretação do direito e sua vinculação a uma concepção de Estado	72

CAPÍTULO 5
ATOS PRÁTICOS DE NATUREZA ABUSIVA 75

5.1	Abuso de demanda na área do processo de execução fiscal.	75
5.2	Condução coercitiva de um ex-presidente	79
5.3	Diálogos de divulgação de interceptações telefônicas	82
5.4	Supersalários: fraude à Constituição por enriquecimento ilícito	84
5.4.1	Supersalários dos marajás da República e corrupção	84
5.4.2	Criminalização de comportamento dessa natureza	87
5.5	Atitude dos que se julgam acima da lei	90
5.5.1	Excessos cometidos pelos magistrados	91
5.5.2	Caracterização do abuso de poder de autoridade em razão dos fatos	92
5.6	Três medidas do MPF contra corrupção	95
5.6.1	O teste de integridade e a condição físico-psíquica do cidadão	99
5.6.2	A descaracterização e o esfacelamento do uso do *habeas corpus*	100
5.6.3	A questão das provas obtidas por meios ilícitos	103

CONSIDERAÇÕES FINAIS 109

REFERÊNCIAS.. 115

ANEXO
Parecer nº ____, de 2017 123

APRESENTAÇÃO

Este livro tem por objetivo demonstrar a impropriedade do termo "crime de hermenêutica" empregado por Rui Barbosa na revisão-crime contra o Juiz Alcides de Mendonça na sua defesa no Supremo Tribunal Federal.

Sustenta no curso de sua narrativa que o abuso de autoridade não guarda correlação com o tipo penal tendo como razão a hermenêutica. Isso porque essa diz respeito apenas à questão de natureza metodológica vinculada ao processo de interpretação e aplicação do direito.

Nessa perspectiva, as modificações propostas pelo Senado através do Projeto nº 280, de 2016, e seu substitutivo não visam criminalizar o provimento de interpretação do direito, não sendo plausível a preocupação levantada pelos operadores da força-tarefa da Lava Jato.

O que se propõe com o referido projeto é a atualização da lei que rege a temática relacionada com o abuso do poder da autoridade. Trata-se, portanto, do controle de constitucionalidade do processo decisório, a partir do momento em que extrapola o campo da legalidade.

A bem da verdade, o cidadão não pode ficar à mercê de autoridades que extrapolam os limites de sua competência institucional. A lei objetiva conter os excessos cometidos pelo Estado através de seus agentes que sempre partem da premissa de que todos devem responder por infrações, sem que tenham provas ou mesmo indícios fortes de que as cometeram.

O diálogo fecundo e construtivo torna-se necessário como formato, também, de sua natureza política que busca a persecução do bem comum. O direito e a política que buscam a persecução do bem comum e estão imbricados, visando a contribuir com uma sociedade justa e solidária, que não se limita apenas à aquisição de conhecimentos técnicos referidos ao estudo empreendido.

Por fim, enumera alguns casos práticos considerados abusivos. Nessas situações entende que os seus atores devam responder pelos arbítrios cometidos. Para tanto, tenta fundamentar uma teoria da responsabilidade pessoal com vistas à reparação dos danos morais por eles causados aos cidadãos em razão da prática de seus atos arbitrários.

INTRODUÇÃO

O presente estudo busca aclarar a questão suscitada, na perspectiva histórica da revisão-crime no caso envolvendo o Juiz Alcides de Mendonça Lima, cuja defesa esteve a cargo de Rui Barbosa. A revisitação do tema paradigmático visa abordar o controle difuso de constitucionalidade operado pelo Supremo Tribunal Federal, hoje, todavia, invocando os aspectos relacionados ao abuso de autoridade e o chamado crime de hermenêutica cunhado pelo referido jurista baiano.

Como se observa, no corpo do Projeto de Lei do Senado Federal nº 280/2016, foi incluído um dispositivo que redundou em tensão entre o direito e a política. Colocada em pauta a problemática, o seu relator, o Senador Roberto Requião, cedeu às pressões exercidas pelo Ministério Público e Poder Judiciário, que o obrigaram a escrever um substitutivo ao projeto questionado, nele incluindo uma regra que excluía o chamado crime de hermenêutica, a propósito do abuso de autoridade, assim redigido:

> Não se constitui crime de abuso de autoridade o ato amparado em interpretação ou jurisprudência divergentes, ainda que minoritária, mas atual, bem assim o ato praticado de acordo com avaliação aceitável e razoável de fatos e circunstancias determinantes, desde que, em qualquer caso, não contrarie a literalidade da lei, nem tenha sido praticado com abuso de autoridade.[1]

---

[1] Substitutivo – Projeto de Lei do Senado nº 280, de 2016, parágrafo único do art. 1º.

Apesar da nova redação dada ao texto, ainda sobressai a ideia de se aprofundar a análise no que diz respeito ao abuso de autoridade e, dentro desse contexto, tornar transparentes as características de seus traços dominantes no plano da interpretação e aplicação do direito. Assim, ter-se-á uma compreensão melhor do embate político que enseja o questionamento do assunto em debate.

Interessante, neste particular aspecto, é assinalar a importância de que se reveste o tema caro aos atores da cena jurídica em face de utilidade pragmática. Daí a necessidade de se levantar alguns casos que afloram do mundo real considerado abusivo e capaz, portanto, do controle judiciário. Várias são as situações que extrapolam da órbita desse universo, merecendo o devido estudo e cuja definição do seu conteúdo substantivo inscreve-se no art. 1º do projeto aqui comentado, nos seguintes termos:

> Esta Lei define os crimes de abuso de autoridade, cometidos pelos agentes públicos, servidores ou não, que, no exercício de suas funções ou a pretexto de exercê-las, abuse do poder que lhe tenha sido atribuído.[2]

Nessa linha de intelecção, o capítulo VI do Projeto de Lei do Senado nº 85, de 2017, define os crimes de abuso de autoridade e as respectivas penas, conforme se vê da transcrição constante do início do capítulo 3 do presente livro.

Registre-se, ademais, que, conquanto o multicitado projeto tenha feito uma tentativa de definição para os crimes de abuso de autoridade, não se sabe ao certo se a lei dela parida contornará essa situação. Na verdade, o texto é um tanto quanto indeterminado, ou mesmo vago, porquanto não diz no que consiste o abuso de autoridade, mas tão somente o que não o constitui, ressalva feita no seu *parágrafo único* aqui já

---

[2] Substitutivo – Projeto de Lei do Senado nº 280, de 2016, art. 1º.

reproduzido, por ingerência de terceiros preocupados apenas com que seus atos abusivos não sejam assim considerados.

É óbvio que o "ato amparado em interpretação" nunca foi nem será crime, até porque o que o envolve é apenas questão metodológica na sua delimitação conceitual e de aplicabilidade do direito. Quanto à expressão "ou jurisprudências divergentes, ainda que minoritárias, mas atual", esta nada tem a ver com o processo hermenêutico. E com referência a "ato praticado de acordo com a avaliação aceitável e razoável de fatos e circunstâncias determinantes, desde que, em qualquer caso, não contrarie a literalidade da lei nem tenha sido praticado como abuso de autoridade", não há como prosperar devido à sua impropriedade.

Ora, a lei é meramente um referencial que torna exequível o ato de interpretar, embora não seja suficiente para afastar o comportamento abusivo, pois, às vezes sempre depende da importância da autoridade que o pratique. Dessa forma, a *literalidade* em si não basta à efetividade da regra em face da necessidade de se impregnar de valores e princípios que devem fundamentar o processo decisório. Ela prescinde da eticidade sem a qual não cumpre seus desígnios voltados para a compatibilização entre o ideal e a realidade factual em razão da insuficiência do procedimento da singela subsunção do simples elemento normativo.

Em razão disso, torna-se necessário perseverar na busca incessante de realização de seu desiderato no sentido de construir a equação do direito justo, independentemente de sua ideologia afetada pela percepção política, nela se contaminando os fatos analisados. Como se denota, a interpretação literal que sugere o projeto é insuficiente ao processo hermenêutico pela incompletude de que se reveste. Não atinge o âmago da questão pressuposta, permitindo, assim, que a brecha legal fortaleça os excessos cometidos pelas designadas "autoridades" no exercício de suas atribuições no âmbito da monumental burocracia ineficiente que se instalou nos órgãos públicos e no emaranhado das normas que os regem.

É óbvio que a penalidade aplicada pelo juiz titular do Poder Executivo estadual contra o juiz não tinha qualquer suporte legal. Justo por isso não prevaleceu diante da defesa produzida por Rui Barbosa. Criou-se, então, a figura do *crime de hermenêutica* que, na realidade, caracteriza uma ficção tendo em vista que tal categoria não fazia nem faz parte do ordenamento jurídico.

A ordem de *habeas corpus* impetrada por Rui Barbosa junto ao STF em favor do Juiz Alcides de Mendonça Lima, acusado pelo presidente do estado do Rio Grande do Sul, Júlio Prates de Castilhos, de crime de prevaricação sob alegação de "julgar ou proceder contra literal disposição de lei", ao contrariar os arts. 65 e 66, da Lei de nº 10/1895 por ele promulgada, *é que deu*, em razão do fato, origem ao denominado *crime de hermenêutica*.

Na esfera de sua competência o magistrado antes referido entendeu que tais dispositivos legais contrariavam a Constituição, não se lhe atribuindo o crime de prevaricação, mas de *abuso de poder* por ter, segundo o acórdão do Superior Tribunal, de 18.8.1896, extrapolado de suas funções, sendo por isso condenado a 9 meses de suspensão do cargo por ele exercido.

Dessa decisão foi interposto o Recurso de Revisão Criminal nº 215 para o Supremo Tribunal Federal, cuja sustentação circunscreveu ao âmbito da inconsistência do teor do julgado por absoluta inadequação fático-jurídica. Daí o notável jurista baiano ter suscitado o nascimento do crime de hermenêutica:

> com a necessidade então de acudir a obstáculo tão inesperado, improvisou-se, por ato de interpretação, nos tribunais locais, contra a magistratura, um princípio de morte, de eliminação moral, correspondente ao que, por ato legislativo, se forja contra o júri, no gabinete do governador.[3]

---

[3] BARBOSA, Rui. *Obras completas*. v. XXIII. [s.l.]: [s.n.], [s.d.]. p. 186. t. 3.

CAPÍTULO 1

TEORIA DA RESPONSABILIDADE PESSOAL

1.1 Considerações preliminares

A questão do abuso de autoridade é tema que se encontra no centro dos debates do Congresso Nacional devido à sua importância para a disciplina dos excessos cometidos pelos agentes públicos. É fato que a Lei nº 4.898, de 9.12.1965, que cuida da matéria, embora importante, não se revelou eficiente para equacionar os casos surgidos ao longo de sua vigência e, por isso, não foi capaz de coibir as infrações dessa natureza.

As práticas abusivas foram se disseminando de modo a abarcar as chamadas autoridades, como membros dos poderes e agentes da Administração Pública. Agora, chegando a níveis intoleráveis, na medida em que seus protagonistas, apesar de menoscabar a dignidade da pessoa humana, nunca foram punidos exemplarmente pelos delitos praticados. Alguns, julgando-se acima da lei e outros, lamentavelmente, acobertados pelas suas Corporações.

Uma das mais frequentes condutas é a que se refere à famosa *carteirada*, ou seja, aquela que tem como núcleo principal a expressão e *sabe com quem está falando?* E coisas do tipo, como: *desacato a autoridade, obstrução da justiça, condução coercitiva, prisão temporária, descumprimento de decisão judicial.* Todas elas, mesmo admitindo sua previsão em regras, são aplicadas de forma arbitrária, na medida em que não há preocupação de se aferir os requisitos e condições de cada figura do tipo aos fatos que as justifiquem no plano da objetividade legal, visando à sua equação fático-jurídica.

Este estudo tem por escopo trazer luzes a essa problemática, delimitando seu contorno, além de estabelecer algumas premissas que possam colaborar para que possibilitem mudanças desses comportamentos que não se coadunam com a práxis democrática. São correntes as decisões tomadas de forma contrária aos caminhos traçados pelo direito.

O que se pretende então é delimitar a noção de abuso de autoridade como elemento que transcende a competência de cada ente público no exercício de sua atividade. Nessa perspectiva, circunscreverá aos limites que demarcam a atuação da autoridade, que por impulso pessoal desborda do centro de abrangência de maneira a adentrar o caminho do abuso sem se dar conta do deslize que incorre em detrimento do interesse estatal adstrito à legalidade.

Objetiva, igualmente, reavivar a questão da conduta abusiva, bem como demonstrar a exequibilidade do ressarcimento dos danos causados em decorrência da disfunção de posição jurídica. O respeito aos direitos fundamentais garantidos pela Constituição Federal configura cláusula imodificável no plano do Estado democrático. Assim, a verificação da justeza da ação governamental torna-se necessária a fim de reforçar a tese do império da legalidade plasmada na eticidade como fator preponderante na realização do direito justo.

1.2 Abrangência do sentido da expressão *abuso de autoridade*

Para Alexandre Guerra:

> O abuso é uma noção que são se exaure na configuração dos limites de cada poder, mas se relaciona à mais ampla função da situação global da qual o poder é expressão. Portanto, é possível

apresentar uma variedade de comportamentos de abuso em relação a cada situação e a sua concreta função.[4]

Por conta disso, fala-se em abuso de autoridade, o qual configura uma expressão mais abrangente, comportando as mais diversas condutas e autores protagonistas. Assim não se circunda tão somente no âmbito dos poderes devido ao seu caráter de abrangência, daí porque se reporta a determinadas situações jurídicas que desconhece no plano de sua funcionalidade.

Por conseguinte, o abuso do direito volta-se para "o exercício disfuncional de posições jurídicas", conforme adverte Antônio Menezes Cordeiro ao ligá-lo à litigância de má-fé no plano processual e a culpa *in agendo*. E completa: "isto é, de um concreto exercício de posições jurídicas que embora correto em si, seja inadmissível por contundir com o sistema jurídico na sua globalidade", acrescentando:

> O regime do abuso de direito assenta em duas vertentes: a cessação da conduta abusiva e a reparação de danos perpetrados. Também assim será no campo em que o abuso respeite a situações processuais. Caso a caso poderemos estabelecer a extensão do ilícito e dos danos a indenizar.[5]

A Constituição tem o condão de fortalecer as garantias constitucionais por ela asseguradas, especialmente as referidas aos direitos fundamentais, que, de igual sorte, segundo Luigi Ferrajoli, "Son también garantias de la democracia". Entende, portanto, que pelo aspecto positivo essas garantias, apesar do descuido da doutrina, são necessárias para a efetivação de tais direitos, acrescentando:

---

[4] GUERRA, Alexandre. *Responsabilidade civil por abuso de direito*. São Paulo: Saraiva, 2011. p. 101.

[5] CORDEIRO, Antônio Menezes. *Litigância de má-fé, abuso do direito de ação e culpa in agendo*. 2. ed. Coimbra: Almedina, 2011. p. 75.

Estas garantías consisten en la obligación que tiene ele legislador, como correlato de la estipulación de los derechos, de desarrollar una legislación de aplicación de los mismos. En la obligación de los mismo. En la obligación, en otras palabras, de introducir las garantías primarias y secundarias correlativas a los derechos fundamentales estipulados.[6]

O Estado democrático é sustentado pelo cidadão-contribuinte em um compromisso moral com os direitos humanos, entretanto, seus representantes agem de modo contrário, ao não dar primazia à justiça. É preciso estabelecer que ação governamental atua com desvio de poder em detrimento da sociedade e, como tal, fora de parâmetros justos, embora encarne a figura moral. Por isso Passerin D'Entrèves adverte:

> Sin embargo, no es menos cierto que, en la definición ciceroniana, la nación de Derecho está toda ella transida de un contenido moral porque el requisito del iuris conveses como condición de la existencia del Estado no significa el reconocimiento de una norma cualquiera sino precisamente de una norma justa. En otras palabras, la justicia es, para Cicerón, elemento esencial del Derecho, y por eso las leyes injustas no son leyes, y un Estado sin justicia no es tal Estado.[7]

Reforça esse ponto de vista o jurista mexicano Juan Antonio Cruz Parcero, em *El lenguaje de los derechos*:

> Varios autores han propuesto explicar el concepto de derechos humanos en términos de derechos morales, algunos usándolos como sinónimos, otros entendiendo lo derechos humanos como una subespecie de los derechos morales. El concepto de derechos humanos a su vez tiene claramente funciones políticas importantes

---

[6] FERRAJOLI, Luigi. Democracia constitucional y derechos fundamentales. La rigidez de la Constitución y sus garantías. In: FERRAJOLI, Luigi; MORESO, José J.; ATIENZA, Manuel. *La teoría del derecho en el paradigma constitucional*. 2. ed. Madrid: Fundación Geogrico Juridico Europeo, [s.d.]. p. 90-105.

[7] PASSERIN D'ENTRÈVES, Maurizio. *La noción de Estado*: una introducción a la teoria política. Barcelona: Ariel, 2001. p. 102-103.

como la de servir de limite al poder, la de servir de promoción de ciertos condiciones de vida para los individuos y tener además una función legitimadora del poder y la autoridad que los reconoce y protege.[8]

Para Karl Larenz, em seu estudo sobre o direito justo, em que aborda a questão dos fundamentos de ética jurídica, aduz: "La primera solicitación del Estado de Derecho es la Limitación del poder, la prevención del posible abuso de poder, del que eventual,ente domine y la vinculación al Derecho".[9]

Adiante, ao comentar a doutrina de Montesquieu, assevera o referido jurista alemão:

Que detrás de esa doctrina estaba la experiencia del abuso de poder es algo que las siguientes palabras permiten reconocer. "Mais c'est une expérience éternelle, que tout homme que a du pouvoir est porté à en abuser; il va jusqu'à en ce qu'il trouve des limites. Y añade: Pour qu'on ne puisse abuser du pouvoir il faut, par la disposition des choses, le pouvoir arrête le pouvoir" para que no se pueda abusar del poder es necesario que, según el orden de las cosas, ceno de los poderes limite al otro.[10]

Manuel Atienza aduz:

La figura del abuso del derecho surge como una creación jurisprudencial (y doctrinal) francesa en la segunda mitad del siglo XIX y comienzos del XX y se generaliza después con o sin expresión legislativa, por los diversos sistemas jurídicos de base continental. [...]
La ley no ampara el abuso del derecho o el ejercicio antisocial del mismo. Todo acto o omisión que, por la intención de su autor por su objeto o por las circunstancias en que se realice, sobrepase manifiestamente los limites normales del ejercicio de

---

[8] CRUZ PARCERO, Juan Antonio. *El lenguaje de los derechos*. Madrid: Trotta, 2007. p. 49.

[9] LARENZ, Karl. *Derecho justo* – Fundamentos de ética jurídica. Madrid: Civitas, 2001. p. 158.

[10] LARENZ, Karl. *Derecho justo* – Fundamentos de ética jurídica. Madrid: Civitas, 2001. p. 159.

un derecho, con daño para tercero, dará lugar a la correspondiente indemnización y a la adopción de las medidas que impidan la persistencia del abuso.[11]

1.3 Posição abusiva do agente: *abusus non tollit usum*

O abuso de autoridade manifesta-se das mais variadas formas relacionadas com o modo de agir dos agentes públicos. Devido ao seu caráter de abrangência, pode abarcar muitas situações consideradas fora da normalidade. Dessa maneira, cumpre trazer a lume algumas delas, que dão a exata dimensão desse panorama envolvendo casos que se enquadram nos exemplos práticos.

Desse enlace entre teoria e prática, cabe destacar os abusos, descrevendo os mecanismos ao derredor da questão. Procura-se destacar o enredo que encerra determinados comportamentos incompatíveis com realidade, esse clima de exceção não comporta, pela sua natureza, qualquer resquício de impunidade.

Nesse quadro, podem-se enumerar determinadas situações capazes de configurar abuso. E, em torno delas, serão feitos os comentários indispensáveis à sua conformação no ordenamento jurídico em face de sua importância para o estudo da temática. O Senado Federal está cuidando do projeto que delimita a matéria.

É deveras preocupante que os poderes concedidos, as autoridades dos três poderes e da Administração Pública de modo geral têm que se ater aos limites da lei. A democracia não comporta poderes plenipotenciários, na medida em que estes extrapolam as normas definidoras da matéria em questão. Dessa forma, qualquer tentativa de ir além das fronteiras determinadas pelo direito está fora de cogitação, adentrando, assim, ao mundo da arbitrariedade.

---

[11] ATIENZA, Manuel. *Ilícito atípicos; sobre el abuso del derecho, el fraude de ley y desviación de poder*. 2. ed. Madrid: Trotta, 2006. p. 34; 37.

Toda autoridade precisa ser vigiada, contida nos excessos, precisa saber ouvir críticas, servir a quem lhe paga o salário. O único agente público que pode desfrutar de *muito poder é o povo*. Atribui-se a Thomas Jefferson (1743-1826) afirmação que ele possivelmente nunca fez, mas cujo conteúdo é oportuno lembrar: *quando o povo teme o governo, há tirania; quando o governo teme o povo, há liberdade.*[12]

Da ação humana pode defluir tanto comportamento íntegro quanto de transgressão ao direito, sendo que este último se caracteriza como abuso e, como tal, afronta o direito no seu modo de ser exercido. A regularidade do ato de agir permite o aperfeiçoamento do uso do bem na esfera de sua legitimidade, enquanto as irregularidades ensejam o nascimento da responsabilidade determinante da posição abusiva do agente: *abusus non tollit usam*.

Daí a formulação conceitual proposta por Elcir Castello Branco, no sentido de que "o exercício do direito deve conformar-se ao seu conteúdo. O ato que o sobrepassa é ilícito ou ineficaz", acrescentando: "o abuso é a ação maliciosa, nociva, ou com excesso. Para discernir o abuso, é indispensável que haja uma norma expressa ou fim ético em vista. É da essência do direito o princípio da finalidade, o imperativo que se lastreia no dever-ser".[13] Para Limongi França: "o abuso do direito consiste em ato jurídico de objeto lícito, mas cujo exercício, levado a efeito sem a devida regularidade, acarreta um resultado que se considera ilícito".[14]

As teorias subjetivistas e objetivistas explicam, cada uma de per si, a natureza jurídica do abuso de direito. A primeira tem

---

[12] EM EDITORIAL, Veja diz que autoridades jurídicas têm poder demais. *Conjur*, 15 out. 2016. Disponível em: <https://www.conjur.com.br/2016-out-15/editorial-veja-autoridades-juridicas-poder-demais>.

[13] BRANCO, Elcir Castello. Abuso. In: FRANÇA, Limongi (Coord.). *Enciclopédia Saraiva do Direito*. São Paulo: Saraiva, 1977. v. 2. p. 29.

[14] FRANÇA, Limongi. Abuso de direito. In: FRANÇA, Limongi (Coord.). *Enciclopédia Saraiva do Direito*. São Paulo: Saraiva, 1977. v. 2. p. 45.

como primazia para sua constitutividade a intencionalidade, enquanto a segunda finca suas raízes no exercício irregular do direito. Estas são as ideias centrais para a compreensão de matéria ainda embrionária nos estudos acadêmicos visando a estabelecer a responsabilidade pessoal do agente público.

Por sua vez, o código austríaco aduz:

> Aquele que causa um dano intencional de modo contrário aos bons costumes é por ele responsável; mas se faz no exercício de um direito somente é responsável se o exercício desse direito teve por finalidade evidente de prejudicar a outrem.[15]

O abuso tem outra etiologia porque se liga aos excessos cometidos em face da função e, portanto, decorrentes de seu exercício em razão da atividade específica desenvolvida. Aqui, pois trata de controle do poder de determinada autoridade que tem limitação dentro de suas atribuições às quais se circunscrevem ao âmbito de sua jurisdição.

O que se quer evitar com o abuso de autoridade é a parcialidade, é o agir impregnado de uma ideologia partidária e perniciosa. É, enfim, ser parcial, ou seja: "é pender para um lado, é mostrar se mais interessado para uma parte que para outra, é julgar sem isenção de animo, é dar preferência injustamente".

1.4 Aspectos conceituais da responsabilidade pessoal

Dentro do estrito ponto de vista da dogmática jurídica, o abuso desafia aspectos de natureza moral e funcional. Estes permitem admitir que ele se forma e se estrutura de modo equidistante de uma dimensão axiológica fundada em princípios e valores constitucionais devido ao seu descompromisso com a razoabilidade. Trata-se, pois, de ato ilícito que

---

[15] Art. 1295, 2ª parte do Código da Áustria.

não se compraz com o ordenamento positivo, tendo em vista que traduz num comportamento que resvala para o campo sombrio da ilicitude.

Ramiro J. Prieto Molinero, que explora essa faceta, no sentido conceitual, aduz:

> La dimensión dogmática del abuso Del derecho pasa, pues por perseverar los aspectos funcionales y morales del instituto para sin que esto represente tirar por la borda la Idea de legalidad que, siempre parece olvidarse, resulta indispensable para garantizar la concreción de ese valor de justicia que se aduce poner en primer lugar.[16]

Pelo ângulo patrimonial, a teoria objetiva plasmada no enriquecimento sem causa explica, também, a questão dos supersalários. Seu fundamento encontra ressonância no fato de que uma casta de privilegiados possa, usando regras produzidas em causa própria, possa lesar os trabalhadores assalariados, obrigando estes, através da tributação, a comprometer 50% (cinquenta por cento) do seu parco salário para essa finalidade.

Não há qualquer justificativa plausível para tanto por ausência de legitimidade. Nesse caso é no compasso da equação jurídica que não se encontra a relação jurídica almejada. Então, o exercício do direito para a consecução de tal desiderato é de nítida conotação abusiva porque trata de um viés sem assento no ordenamento legal.[17]

Os que exercem a atividade pública o fazem em prol da comunidade, o que não deixa de ser de natureza política

---

[16] PRIETO MOLINERO, Ramiro J. *Abuso del derecho*. Buenos Aires: La Ley, 2010. p. 113.

[17] Para Molinero: "el abuso del derecho ocupa un lugar intermedio entre el acto ilícito y el acto licit; porque el acto licito es uno esjecutado en ejercicio de underecho y que no hiere ningún derecho; y ele ilicito. El realizado sin derecho y que lesiona um derecho mientras que el acto abusivo seria al llevado a cabo en ejercicio de un derecho y que vulneia um derecho" (PRIETO MOLINERO, Ramiro J. *Abuso del derecho*. Buenos Aires: La Ley, 2010. p. 117).

porquanto direcionada ao bem comum. Persevera-se na consecução da liberdade e, sobremodo, da realização da justiça que deve se distinguir pelo seu caráter de imparcialidade. Todos, portanto, devem se alinhar nessa direção: não de destruir, mas de preservar a incolumidade da dignidade da pessoa humana na convergência entre os interesses públicos e privados, como bem coloca Hannah Arendt, citada por Maurizio Passerin D'Entrèves, ao perscrutar a ideia de cidadania:

> Esa concepción de política basada en lo publico o en el mundo También constituye la base de la distinción de Arendt entre los intereses públicos y los privados. Segun Arendt, la actividad publica no es medio para un fin, sino un fin en si mesmo. No se participa en la acción política solo para promover el bienestar proprio, sino para realizar los principios intrínsecos de la vida política como la libertad, la igualdad, la justicia, la solidaridad, el coraje y la excelencia.[18]

Com efeito, regra estatuída no Novo CPC criminaliza a conduta viciada nos aspectos doloso ou fraudulento dos agentes públicos. Essa responsabilização tem caráter pessoal (art. 181, do CPC). Pune-se, portanto, a atividade desconforme dos mandamentos legais e constitucionais, a fim de restabelecer o primado da imparcialidade processual e do desejo de se fazer justiça. É este o objetivo primordial do direito sem o que tudo não passará de uma reles dissimulação.

Tanto é assim que o Superior Tribunal de Justiça fechou questão quanto à exequibilidade da responsabilidade pessoal de abusos no exercício de suas funções. Nesse caso não há como se furtar de responder por danos morais pelas lesões causadas em face da manipulação de informações da imprensa conspurcando a imagem do cidadão sem que para tanto haja

---

[18] PASSERIN D'ENTRÈVES, Maurizio. *Hannah Arendt y a idéia da ciudadania*. Dimensiones da democracia radical: pluralismo, ciudadania, comunidad. Buenos Aires: Prometeo Libros, 2012. p. 197.

justificativa plausível. Isso é o que tem se convencionado como abuso de autoridade.[19]

Trata-se, como se vê, de responsabilidade direta e pessoal limitada, no entanto os casos de ação dolosa ou fraudulenta ficam nas esferas civil e penal. Nesse particular aspecto, afasta o Estado em razão de sua ilegitimidade para compor o polo negativo da relação processual. A ação temerária impregnada de excesso de poder não se enquadra na conduta reta e digna, qualidades que devem reunir aqueles membros que atuam nos órgãos essenciais da justiça.

Ademais, na mesma linha de intelecção, o TJRS[20] aduz que "a responsabilidade pessoal do agente público [...] não se confunde com a responsabilidade objetiva do Estado", e assim sustenta em decorrência da regra consubstanciada na Constituição Federal (art. 37, §6º). Pela mesma forma, o CPC (art. 85) reporta-se à responsabilidade pessoal de membro do Ministério Público, afastando, assim, a possibilidade de o Poder Público entrar como litisconsorte, privilegiando o unitário.

Eis excerto de outra decisão do referido Tribunal, inclusive mais abrangente em termos de opção de legitimidade quanto ao agente público: "A vítima do ato ilícito praticado por agente público, no exercício de sua função, tem faculdade de ajuizar a ação diretamente contra o servidor, contra o Ente Político ou contra ambos, à sua escolha".[21]

Claus Roxin faz a seguinte ressalva:

> Enquanto a teoria do ato ilícito responde a pergunta sobre que atos são objeto de proibições penais, a categoria da responsabilidade visa solucionar o problema dos pressupostos com base nos quais o agente poderá ser responsabilizado penalmente pelo injusto que praticou.[22]

---

[19] STJ. 3ª Turma. REsp. nº 1.435.582/MG. Rel. Min. Nancy Andrighi, j. 10.6.2014.

[20] TJRS. Agravo de Instrumento nº 70009526914. Rel. Des. Umberto Guasperi, j. 28.10.2004.

[21] TJRS. Apelação nº 70058326182/RS. Rel. Paulo Roberto Lessa Franz, j. 9.6.2014.

[22] ROXIN, Claus. *Estudos de direito penal*. 2. ed. Rio de Janeiro: Renovar, 2008. p. 85.

Não se pode perder tempo com a persecução em questões de somenos importância, como exemplo, com aquelas em que Estado não pode ou não deve responder pelos atos praticados em seu nome de maneira dolosa ou mesmo impregnada de ilicitude.

As consequências jurídicas dos atos enquadráveis no plano da teoria da responsabilidade subjetiva devem ser suportadas pelo autor da façanha. Desse modo, Claus Roxin propõe "chamar a categoria do delito que sucede ao injusto não de culpabilidade, mas de 'responsabilidade'. Por isso, insisto, que a culpabilidade representa um aspecto essencial, na teoria da imputação subjetiva, daquilo que denomina 'responsabilidade'".[23]

1.5 Sobre o termo *autoridade* quanto à questão abusiva

Se o ato do agente público e membros dos três poderes, da Administração Pública, do Ministério Público e dos Tribunais de Contas decorre de um desvio que macula o exercício de sua atividade, deve a autoridade que assim proceder responder pelo ato, em face de seu caráter ilícito. Como se vê essa "ação resultante da manifestação da vontade ou promovida pela vontade da pessoa"[24] incorre em irregularidade grave.

Por conseguinte, o ato ilícito traduz o comportamento adotado pelo agente de modo intencional ou com aparente intenção, daí a caracterização de sua responsabilidade. Constitui, portanto, "toda ação ou omissão voluntária, negligência, imprudência ou imperícia que viole o direito alheio ou cause prejuízo a outrem, por dolo ou culpa". Conforme De

---

[23] ROXIN, Claus. *Estudos de direito penal*. 2. ed. Rio de Janeiro: Renovar, 2008. p. 154.

[24] SILVA, De Plácido e. *Vocabulário jurídico*. 27. ed. Rio de Janeiro: Forense, 2008. p. 159.

Plácido e Silva, se trata "de uma violação dolosa ou culpa do direito de outra pessoa, da qual decorra dano a seu titular".

Os agentes públicos antes referidos, cunhados como autoridades, não podem agir ao arrepio do direito, sob pena de responderem por isso. Em sentido conceitual, o termo *autoridade* deriva do latim *auctoritas* para, segundo De Plácido e Silva, designar "poder comando, direito; jurisdição". Assim, é aplicado "como poder de jurisdição, ou o direito que se assegura a outrem para praticar determinados atos relativos a pessoas, coisas ou atos".[25]

Veja-se como Marcus Cláudio Acquaviva define abuso de autoridade:

> Prática de atos por órgão público, no exercício de suas atribuições, que transcende, injustamente, os clientes destas, em prejuízo de outrem. Para caracterização de abuso, exigiu-se três pressupostos: a) que o ato praticado seja ilícito; b) que tenha sido praticado por funcionário no exercício da sua função; c) que não tenha ocorrido motivo que o legitime; [...].[26]

Dentro da perspectiva da abordagem aqui desenvolvida, podem-se retirar do campo da aplicação do direito algumas situações que se reputam como abuso de autoridade. Decerto os exemplos se enquadram nesta categoria por reunir todas as características dos atos que lhes dão conformação pelo seu caráter de ilicitude. Quem os pratica de forma ilegítima adentra o campo da responsabilidade, assumindo a culpa ou o dolo de seu comportamento contrário ao direito (arbitrário).

Em primeiro lugar, nenhum servidor público, em sentido lato, goza de imunidade de tal sorte a escapar do controle das leis da Constituição. Por conseguinte, todos são responsáveis pelos seus atos em qualquer esfera pública e, em consequência,

---

[25] SILVA, De Plácido e. *Vocabulário jurídico*. 27. ed. Rio de Janeiro: Forense, 2008. p. 176.

[26] ACQUAVIVA, Marcos Cláudio. *Dicionário jurídico brasileiro Acquaviva*. 3. ed. São Paulo: Ed. Jurídica Brasileira, 1993. p. 18.

respondem por eles administrativa, civil e penalmente. Nessa linha, não há porque juízes e promotores (federais e estaduais) se colocarem acima da lei, embora nunca tenham sido penalizados por seus desmandos, conforme assinala André Karam Trindade:

> Até o momento ninguém foi penalizado em nenhuma esfera. Nem pelas escutas ilegais nem pelas provas obtidas ilicitamente e tampouco por vazar informações sigilosas à imprensa. Isso é fato. O único que se deu mal por aqui foi Protógenes (Aquele delegado federal da operação Satiagaha), que se exilou na Suíça e ingressou com revisão criminal alegando falta de isonomia![27]

Não é verdade que o projeto de lei tenta tolher a atuação dos investigadores e dos juízes, porque já existe lei e nunca foi aplicada. Ao longo do tempo esses dois segmentos vinculados à cena jurídica foram sempre blindados e expandiram o raio de ação das imunidades. Tanto que é um magistrado que dá o seu testemunho sincero sobre a matéria sem qualquer viés corporativista. Veja a posição de André Karam Trindade:

> quero deixar claro que não vejo nenhum problema em responsabilizar criminalmente – seja por abuso de autoridade ou o nome que se pretende dar – os membros do Poder Judiciário e do Ministério Público... Assim como também já passou da hora, sobretudo quando o tema é corrupção dos *supersalários* e extinguir, definitivamente todos os privilégios.[28]

Dentro do estrito ponto de vista da dogmática jurídica, o abuso desafia aspectos de natureza moral e funcional e se

---

[27] TRINDADE, André Karam. Quem vigia os vigilantes? A questão da responsabilidade dos juízes. *Conjur*, 3 dez. 2016. Disponível em: <https://www.conjur.com.br/2016-dez-03/diario-classe-quem-vigia-vigilantes-questao-responsabilidade-juizes>.

[28] TRINDADE, André Karam. Quem vigia os vigilantes? A questão da responsabilidade dos juízes. *Conjur*, 3 dez. 2016. Disponível em: <https://www.conjur.com.br/2016-dez-03/diario-classe-quem-vigia-vigilantes-questao-responsabilidade-juizes>./

forma e se estrutura de modo equidistante de uma dimensão axiológica plasmada nos princípios e valores constitucionais, ante seu descompromisso com a eticidade. Trata-se, pois, de ato ilícito que não se compraz com o ordenamento positivo, tendo em vista que revela um comportamento desconforme ao direito.

CAPÍTULO 2

O ABUSO DE AUTORIDADE E O CRIME DE HERMENÊUTICA

2.1 O sentido do termo da interpretação

2.1.1 Pensar e decidir no domínio de autonomia funcional

O ato de pensar livre não pode ser castrado por quem quer que seja, na medida em que inibe a manifestação espontânea dos atores da cena jurídica. Dessa forma, essa possibilidade real é que permite aos membros do Judiciário e do Ministério Público desempenhar suas funções dentro do contexto social sem serem molestados no exercício regular de sua competência legal no plano investigatório.

O pensamento é que dá o toque mágico ao texto produzido ensejando, assim, a formulação da sentença que se constrói com os ingredientes constantes do processo. Não deve sofrer qualquer restrição ou ameaça de enquadramento em tipo normativo de caráter sancionatório. Se houve indícios de dolo, regras existem que podem resolver a questão.

Não revestindo a qualidade de ilícito a ação ou omissão perpetrada, não se pode imputar determinada conduta, inexigível em face de sua atuação no contexto da sua atividade exercida. O ato reflete, então, sua forma de pensar e decidir no domínio da autonomia funcional que lhe é própria no plano institucional.

Por outro lado, o modo de decidir não leva à presunção de que o servidor cometeu algum erro, pois a interpretação depende, também, do entendimento que se tem, a partir dos elementos fáticos, sobre a matéria examinada. É óbvio que nesse aspecto louva-se da pesquisa em regras, doutrinas e jurisprudência.

Não há crime de hermenêutica nem prescrição legal que evidencie sua presença no ordenamento jurídico. E, portanto, não há penalização capaz de apequenar o processo de interpretação, pois seria prévia censura ao exegeta. Não se concede ao menos por cautela que a partir de expressão textual de uma decisão possa-se criar o delito da hermenêutica com forte apelo da questão da subjetividade.

Com efeito, o campo interpretativo é um campo aberto, é um espaço de liberdade de pensamento, deitando raízes no plano normativo, que não deve ser restringido à luz de critério de responsabilização.

No sistema brasileiro, as práticas consideradas abusivas são passíveis de sanção, mas isso não constitui fator de inibição da livre manifestação do pensamento em qualquer instância ou tribunal. Ademais, não se reserva dos juízes e promotores o monopólio da interpretação jurídica, embora para tanto estejam qualificados em razão do seu saber jurídico, conhecimento técnico e autonomia funcional.

2.1.2 A interpretação e seus elementos metodológicos

O ato de se perquirir com o objetivo precípuo de delimitar o exato significado do texto legal denomina-se interpretação. Interpretar é, pois, desvendar o conteúdo, a essência da lei, pelo ângulo intencional nela contido, que exprime o seu verdadeiro sentido.

Interpretar lei, segundo Pontes de Miranda, é ler, entender, criticar o texto e revelar o seu conteúdo. Mesmo que ele se choque com outras leis, assegura o referido autor, tais choques têm de ser minimizados ou mesmo eliminados, já que a lei não pode trazer em seu bojo qualquer contradição e o sistema jurídico ou lógico deve ser compreendido em toda a sua pureza.

A interpretação jurídica, para Miguel Reale, é sempre de ordem teológica, assentada em pressupostos axiológicos do direito, cuja articulação não se verifica de modo isolado, mas dentro de uma "estrutura de significação" que povoa o ordenamento jurídico. Como se vê, ela valoriza os elementos finalísticos e valorativos como componentes essenciais do processo hermenêutico.

O deslinde da lei resulta, sem dúvida, do entrelaçamento entre os métodos literal e lógico-sistemático. A combinação desses critérios é relevante, na medida em que permite a correta compreensão do conteúdo analisado. É assente na doutrina que a interpretação não se opera tão somente sob o ponto de vista literal ou lógico. A integração desses dois fatores postos a serviço do exegeta é fator preponderante na fixação do real sentido do texto normativo.

As duas vertentes formadoras do convencimento são os pressupostos lógicos formais que dão ao intérprete o embasamento indispensável à exata inteligência da lei. O primeiro método, o literal, gramatical ou filológico e o outro contempla o método sistemático e lógico que, harmonizados entre si, dão escopo à doutrina interpretativa.

De fato, segundo Miguel Reale, o trabalho de perquirição da realidade morfológica é condição intrínseca da própria estrutura da lei, pressupondo uma operação lógica, "pois nenhum trabalho está separado dos demais". Para o mesmo autor, tal trabalho de exame "de um preceito, em correlação com todos os que com ele se articulam logicamente, denomina-se lógico-sistemática".

O exercício do direito de *interpretar e aplicar a lei* tangencia ao campo da subjetividade e, portanto, não há qualquer indicação com referência ao parecer ou sentença para submeter-se ao crivo do direito penal. Essa ideia original de criminalizar opiniões expressas em decisões ou petições, aliás, é atribuída aos membros do Ministério Público e do Poder Judiciário. Foram, eles, portanto, que tentaram, inicialmente, responsabilizar os pareceres escritos por advogados em procedimentos administrativos, criando, assim, uma nova categoria de crime, logo designado como de hermenêutica.

Com razão, contra isso se insurgiram a Advocacia-Geral da União e a Ordem dos Advogados do Brasil, no sentido de afastar o crime de hermenêutica sustentado pelos promotores e magistrados ao acolher essa tese desarrazoada. Prova disso é ter dado seguimento a ações intentadas pelo Ministério Público em desfavor dos advogados públicos e privados, colocando-os no polo negativo da relação jurídico-processual penal.

É obvio que tal ideologia não se compatibiliza com a natureza da práxis exegética. Hoje, ao contrário, alegam que o projeto sobre o abuso de autoridade, com beneplácito do Judiciário, padece das mesmas incongruências. Ninguém pretende que a interpretação da lei possa comprometer a independência de promotores e magistrados. Tudo isso evidencia a presença de uma forma de pressão já que não querem se submeter ao controle e fiscalização dos conselhos competentes.

Se for por essa razão, agitada pelos dois segmentos do setor público, não há como justificar a mudança por eles reivindicada. Na verdade, a lei em razão do seu caráter geral e abstrato não pode ser instrumento de garantias de privilégios de determinadas categorias funcionais. Dessa forma, o abuso tem que ser reprimido em todas as vertentes da Administração Pública e dos três poderes.

2.2   A noção de hermenêutica

Como se vê, a hermenêutica deriva do grego *hermenêutikos*, de *Hermeus* (intérprete), de Hermes ou Mercúrio, pelo latim Hermenêutico (que interpreta ou explica), empregado na técnica jurídica para assinalar o meio ou o modo por que se deve interpretar as leis, a fim de que se tenha delas o exato sentido ou o fiel pensamento do legislador. Na hermenêutica jurídica, assim, estão encerrados todos os princípios e regras que devem ser judiciosamente utilizados para interpretação da lei.

Não há, por conseguinte, interpretação fora do contexto posto e pressuposto, na medida em que os hermeneutas dispõem dos elementos indispensáveis à consecução desse desiderato. Assim, podem valer-se dos elementos no plano metodológico: gramatical, lógico, cientifico ou sistemático. Nessa perspectiva, a interpretação se faz dentro de um processo que não permite se enveredar pelo campo oposto.

Para Siro Darlan de Oliveira, "Ocorre o abuso de autoridade quando o juízo tribunal perde o controle de sua compostura e decoro e torna-se pessoal em relação a uma parte com quem tenha antipatia ou divergência social e doutrinaria".[29]

Dessa forma, a *inimputabilidade* perseguida pelos juízes e promotores ao se recusarem a aceitar que "todos são iguais perante a lei" não tem o menor sentido. Daí, as manifestações que se insurgiram contra o projeto de lei que pretende criminalizar os excessos cometidos pelos referidos servidores a ponto de se caracterizar como um discurso corporativista, segundo Rodrigues Ferreira e José Ferreira.

Eles acrescentam que a medida é dirigida somente a:

> Todos sabem que entre tantos juízes despreparados, desatualizados descomprometidos com o trabalho, afoitos, comprometidos ideologicamente e mesmo venais que não entregam a prestação jurisdicional que deveriam fazer. O mesmo é de se afirmar em

---

[29] OLIVEIRA, Siro Darlan de. Há abuso de autoridade quando juízes punem alguém devido à sua ideologia. *Conjur*, 4 maio 2017. Disponível em: <https://www.conjur.com.br/2017-mai-04/siro-darlan-abuso-autoridade-quando-juizes-punem-ideologia>. Acesso em: 6 maio 2017.

relação ao Ministério Público, que, não pouca vezes, persegue mais os holofotes do que a realidade do Direito.[30]

Com efeito, os magistrados e promotores que não se enquadrarem na linha defendida pelos ilustres advogados antes referidos não têm nada a temer. Não resta dúvida de que a maioria dos membros do Poder Judiciário e do Ministério Público pontifica-se pela sua qualificação moral e intelectual. Afinal, quem cumpre com seus deveres e obrigações com seriedade, ao contrário, merece o aplauso dos cidadãos de bem.

2.3 A impropriedade do termo *crime de hermenêutica*

Não há no ordenamento o termo chamado, impropriamente, de crime de hermenêutica, como preconizado pela força-tarefa da operação Lava Jato. A interpretação, às vezes, pode ser equivocada, tendo em vista o despreparo dos autores da cena jurídica apegados ao formalismo exacerbado. Nas escolas de formação jurídica não tiveram a oportunidade de estudar direitos humanos, matéria aliás não prevista nos currículos universitários.

O autoritarismo fundado no mais abjeto corporativismo tenta se impor no campo da legitimidade. Nesse ponto, estabelece uma confusão proposital no sentido de que as chamadas "autoridades" incrustadas nos órgãos públicos agem de modo correto porquanto são incapazes do cometimento de deslizes. Assim, achando-se acima do bem e do mal, atuam de modo abusivo com o assentimento de associações que lhes dão cobertura no campo da imunidade.

Daí, Cláudio Carvalho ao escrever "o mistério público do abuso de autoridade", aduz:

---

[30] FERREIRA, Rodrigo Fernandes de Moraes; FERREIRA, José Milton. Discurso de juízes e do MP sobre abuso de autoridade é corporativista. *Conjur*, 28 abr. 2017. Disponível em: <https://www.conjur.com.br/2017-abr-28/discurso-juizes-mp-abuso-autoridade-corporativista>.

O autoritarismo se fez presente quando a exceção se impõe à lei e a perverte, fraturando a ordem pública pela imposição de uma "convicção" privada. O atravessamento dos limites dessa tênue fronteira a separar autoridade de autoritarismo implica na desidratação das funções republicanas do Estado democrático e num atentado aos direitos humanos fundamentais.[31]

Nessa linha, o direito justo encontra ressonância na ética jurídica e seus fundamentos na dignidade da pessoa humana. Porém, o abuso de autoridade ou autoritarismo navega sorrateiramente na contramão desses postulados. Dessa forma, não há como prosperar a ideia de que sejam mantidos os privilégios ao Ministério Público para exercitar suas atribuições ao seu bel prazer e sem responder pelos abusos perpetrados aos cidadãos sem a menor razão de ser.

Afinal, o republicanismo em que se assenta a democracia não pode nem deve conviver com os arroubos nefastos da arbitrariedade. Quem excedeu de seus misteres deve responder por isso. Não cabe na alçada do Ministério Público poderes plenipotenciários, pois, enquanto ganhou notoriedade com a Lava Jato, abusou em termos de espetacularizar as operações sob o fogo cerrado de forte propaganda midiática.

Infere-se disso que ditas autoridades encarnam de maneira exemplar a ideia de que seus poderes são *ilimitados*, razão pela qual não importa a elas o cumprimento das leis e da Constituição, conforme adverte editorial da revista *Veja*:

> Há uma máxima segundo a qual uma autoridade só abusa do seu poder quando tem poder demais. No Brasil de hoje, como se constata nos exemplos relatados acima, pode-se até dispensar o requisito do poder excessivo. Mesmo com os poderes regulares, autoridades como delegados, procuradores e juízes, para ficar

---

[31] CARVALHO, Cláudio. O Mistério Público do abuso de autoridade. *Jornal A Tarde*, Salvador, 8 jun. 2017. p. 12. Caderno Opinião.

nos casos em questão, extrapolam os limites de suas funções e tomam decisões abusivas, ilegais, esdrúxulas.[32]

E em conclusão aduz que somente o povo é que pode desfrutar de muito poder:

> Toda autoridade precisa ser vigiada, contida nos excessos, precisa saber ouvir críticas, servir a quem lhe paga o salário. O único agente público que pode desfrutar de muito poder é o povo. Atribui-se a Thomas Jefferson (1743-1826) afirmação que ele possivelmente nunca fez, mas cujo conteúdo é oportuno lembrar: quando o povo teme o governo, há tirania; quando o governo teme o povo, há liberdade.[33]

Para Josef Bleicher a teoria da hermenêutica "debruça se sobre a problemática de uma teoria geral da interpretação como metodologia das ciências humanas (ou *Geisteswissenscbaften*, que inclui a ciências sociais)". Aduz ainda que ela "serve do recurso metodológico do círculo *hermenêutico*, em que se chega a compreensão de um texto através da interpretação recíproca de um todo dos seus elementos constituintes".[34]

Segundo o referido autor a interpretação do sentido pode ser entendida em três níveis, conforme ponto de vista assim sintetizado:

> Weber distingue três níveis: Filológico, avaliativo, racional (ou causal ou expectativa); Betti estabelece a diferença entre Sinngebung ou Deutung (interpretação subjetiva ou especulativa) e Aueslegung (exegese – interpretação objetiva; explicação), que

---

[32] EM EDITORIAL, Veja diz que autoridades jurídicas têm poder demais. *Conjur*, 15 out. 2016. Disponível em: <https://www.conjur.com.br/2016-out-15/editorial-veja-autoridades-juridicas-poder-demais>.

[33] EM EDITORIAL, Veja diz que autoridades jurídicas têm poder demais. *Conjur*, 15 out. 2016. Disponível em: <https://www.conjur.com.br/2016-out-15/editorial-veja-autoridades-juridicas-poder-demais>.

[34] BLEICHER, Josef. *Hermenêutica contemporânea*. Rio de Janeiro: Edições 70, 1992.

visa "uma objetividade relativa de compreensão através do uso dos cânones hermenêuticos".[35]

Deveras, o conceito de *hermenêutica* se acha vinculado ao de autoridade e, como tal, trata da questão de problematização subjetiva do processo de interpretação da lei. Este não pode ser guindado à condição de crime, posto passar por um processo de dialetização em decorrência da natureza plural do direito. Na realidade o aprendizado da ciência está na esfera de sua metodologia.

O esforço para definir e discernir os meios de expressão não tem caráter acidental, pois evolve o conteúdo substantivo da norma. Então a boa interpretação é retirar do elemento linguístico a essência do sentido a que ele se reporta. Nessa linha, o crime de hermenêutica constitui apenas uma imagem simbólica projetada pela percepção ilusória da projeção do sentido de uma situação fática inexistente.

Por conseguinte, o crime hermenêutico é mera fantasia suscitada por uma corrente do pensamento desconectada com a realidade factual. É imaginação posta a serviço da pós-verdade a fim de impor uma situação de constrangimento ao alvo perseguido a todo o custo por motivação ideológica. Não importa a falsa imputação ao suposto investigado, testemunha, ou seja lá o que for, posto o que tem em mira que atingir a dignidade da pessoa através de uma publicidade massiva.

A interpretação não é um ato capaz de gerar uma condenação por se tratar apenas de uma questão metodológica. Assim, ela há de ter ligação visceral com o caso concreto visando a determinar o direito vindicado pelo sujeito. Insere-se, pois, no contexto do processo decisório na persecução do direito justo, buscando dar sentido e aplicabilidade às normas jurídicas na perspectiva ético-axiológica.

---

[35] BLEICHER, Josef. *Hermenêutica contemporânea*. Rio de Janeiro: Edições 70, 1992. p. 363.

O crime de hermenêutica, acaso houvesse plausibilidade de tipificação, ainda assim não subsistiria em razão de que o ato de interpretar não comporta criminalização. Seria o mesmo que criar um novo tipo penal sem qualquer identidade com o mundo dos fatos. Assim, constitui grave erro de percepção o ponto de vista segundo o qual a interpretação poderia se enquadrar nas regras que disciplinam o abuso de autoridade.

Cumpre-se assinalar, à guisa de conclusão, que o crime de hermenêutica suscitado pelos promotores e juízes é mera obra de ficção porque brotada da mente fértil dos seus mentores. Dessa forma, não há como inibir o exercício do direito em toda plenitude das referidas autoridades. A preocupação por elas manifestada não tem o condão de modificar esse panorama, isso porque o projeto busca apenas coibir os abusos perpetrados contra os cidadãos, tipificando os fatos deles decorrentes.

Impõe salientar por isso mesmo que o caso examinado sobre a ótica conceitual é de atipicidade de conduta. Resta, portanto, a compreensão de que não povoa o universo jurídico. Não existe probabilidade de incriminação em decorrência da falta de elemento idôneo indispensável à implementação necessária à produção de feitos jurídicos na seara da objetividade.

No chamado crime de hermenêutica não se vislumbra qualquer resquício de antijuricidade, até porque a interpretação projeta-se no âmbito metodológico. E isto não encerra uma conduta, seja ativa, seja omissiva, que caracterize "o elemento jurídico do delito", da correlação com um tipo penal. Portanto, "es indispensable su antijuridicidad, su ilicirud, en virtud de princípio que se resume en el apotegma "nullun crimen sine inura", conforme Servio Tulio Ruiz.[36]

O crime que quer se impor à hermenêutica é uma ficção, é produto da imaginação com objetivo de se *contrapor ao controle de abuso de autoridade*. Não há menor intenção de se criminalizar a metodologia utilizada pelos atores da cena jurídica – no

---

[36] RUIZ, Servio Tulio. *La estructura del delito*. Bogotá: Tenis, 1978. p. 77.

caso promotores e juízes – em razão do procedimento de interpretação e aplicação da lei, já que ela atende aos fins sociais a que é dirigida e à *observância do bem comum*.

2.4 Responsabilidade política como controle do parlamento

A responsabilidade política configura uma forma de controle do parlamento que tangencia a esfera da juridicidade na perspectiva constitucional. Evidencia-se um modo específico de agir nesse campo capaz de afetar a atividade constitucional numa das vertentes do Poder Público por um dos poderes da República: o Legislativo. Assim, cuida de um postulado de natureza pública por se caracterizar um conceito constitucional, conforme assinala Pedro Lomba:

> O primeiro objetivo das constituições continua a ser o de organizar, limitar e controlar o exercício do poder político. O direito constitucional é, antes de tudo, um sistema de regras e procedimentos jurídicos que asseguram a responsabilização e o exercício controlado do poder.[37]

Para Manuel de Oliveira Matos, compete ao tribunal examinar se o autor aproveita o direito por ele invocado. Nesse sentido, a partir de uma investigação pode-se apurar se ele se manteve nos limites do seu exercício, acrescentando:

> Quem abusa do seu direito é como se o perdesse, e daí que não possa o julgador considerar legitimamente o autor como titular de um direito quando tenha havido manifesto excesso, no seu exercício, dos limites impostos pela boa fé, pelos bons costumes ou pelo fim social ou econômico desse direito.[38]

---

[37] LOMBA, Pedro. *Teoria da responsabilidade política*. Coimbra: Coimbra Ed., 2008. p. 22.

[38] MATOS, Manuel de Oliveira. *Reflexões jurídicas*. Coimbra: Almedina, 1971. p. 61.

Como vem ocorrendo nos Estados Unidos, o brasileiro tem demonstrado sua apatia com relação à política. Isso em razão do comportamento adotado por determinados parlamentares profissionais descompromissados com os postulados morais no seu modo de agir. Daí a grave observação de Richard Posner a esse respeito:

> Vivemos na era da "política ordinária", uma atividade sórdida ou na melhor das hipóteses insípida, dominada por grupos de interesse e marcado pela troca de favores, pelo lobismo, pelo suborno indireto, pela falsidade ideológica e pelo egoísmo em geral. Em tempo de crise, no entanto, as pessoas se tornaram conscientes e interessadas.[39]

Equivoca-se o STF quando em acórdão afirma:

> a autoridade judiciária não tem responsabilidade civil pelos atos jurisdicionais praticados. É que embora seja considerado um agente público [...] tais agentes, portanto, não agem em nome próprio, mas em nome do Estado [...] de modo que não há como lhes atribuir responsabilidade direta por eventuais danos causados a terceiros.

Admitir-se esse raciocínio literal seria o mesmo que consagrar o ato ilícito do agente como se fosse uma manifestação natural do Estado, o qual poderia acolher sem reservas qualquer decisão dele emanada. Não é essa a dicção da norma constitucional, a qual não autoriza esse tipo enviesado de comportamento incompatível com a eticidade que deve nortear o exercício da jurisdição, nem ao Estado comporta agir dessa maneira, muito menos chancelar ações dessa natureza.

Como é sabido, o discurso linguístico consubstanciado na Constituição Federal (art. 37, §6º) não se dirige ao agente, mas à Administração Pública. Conduz em seu bojo duas ordens de

---

[39] POSNER, Richard A. *Fronteiras da teoria do direito*. São Paulo: WMF Martins Fontes, 2011. p. 206.

ideia: uma indenizatória e outra de ressarcimento, como bem se posiciona nesse sentido José Carlos Zanforlin:

> Insista-se: esse preceito constitucional compõe-se de duas regras, ambas destinadas integralmente à Administração Pública: (i) a obrigação de indenizar dano causado por seu agente, e (ii) direito-dever de ressarcir deste quando o dano resultar de dolo ou fraude.[40]

Importa salientar que o exercício de qualquer atividade pública deriva de um comando legal e, portanto, timbra pelo seu caráter de relatividade. Os limites de atuação dos servidores públicos demarcaram o espaço legítimo de sua competência. Isso evidencia que a extrapolação desse raio de ação delimitado pela regra implica abuso de autoridade.

Inquestionavelmente, o poder está na mão do povo como fonte primária da soberania, e o exerce através de seus representantes eleitos em pleitos democráticos. Nessa perspectiva, vê-se a presença de constituinte como formulador dos contornos jurídicos do Estado, a este cabendo o papel de satisfazer as necessidades públicas. Então, o poder constituinte do povo é o responsável pela construção do ordenamento constitucional, assim lhe toca o exercício da soberania.

Os poderes republicanos são desdobramentos das funções atribuídas aos seus titulares, abrangendo, destarte, as atividades legislativas, executivas e judiciárias, que ditam a separação deles, aqui, já como "poderes constituídos não podem, com efeito, ser exercidos senão no âmbito da Constituição e nos seus termos". Isso significa "sua subordinação à nação pelos corpos representativos".[41]

---

[40] ZANFORLIN, José Carlos. Ao contrário da visão do STF, juiz deve responder diretamente por ato ilícito. *Conjur*, 21 jan. 2017. Disponível em: <https://www.conjur.com.br/2017-jan-21/jose-carlos-zanforlin-magistrado-diretamente-ato-ilicito>.

[41] VAZ, Manuel Afonso. *Teoria da Constituição*: o que é a Constituição, hoje? 2. ed. Porto: Universidade Católica Editora, 2015. p 83.

Há, porém, quem admita, como Nicola Matteucci, o declínio dos poderes constituídos diante da crescente demanda judiciária contra o Estado:

> Na realidade, com a progressiva judicialização do Estado e com a sua correspondente redução a ordenamento, não faz muito sentido falar de *Soberania, por nos encontrarmos sempre diante de poderes constituídos e limitados enquanto a Soberania se caracteriza, na realidade, como um "poder constituinte"*, criador do ordenamento.[42]

A soberania popular configura, pois, uma manifestação do poder constituinte que cria a Constituição. E nesta "define os órgãos e os poderes constituídos, e instaura o ordenamento".[43] Nessa perspectiva, já tem o domínio das formalidades (*assembleia nacional constituinte*) para proceder aos debates em torno de sua elaboração de texto definitivo da Constituição, a fim de que represente a vontade popular.

É essa a razão pela qual, segundo Nicola Matteucci, "que o poder constituinte do povo, que instaura uma nova forma de Estado, pode ser" um produto do contratualismo democrático "forjado" entre os cidadãos e as forças políticas e sociais mediante contrato, nele definindo as formas com as quais os representantes do povo possam exercer o poder e os limites de sua atuação.[44]

---

[42] MATTEUCCI, Nicola. Soberania. In: BOBBIO, Norberto; MATTEUCCI, Nicola; PASQUINO, Gianfranco (Org.). *Dicionário político*. Brasília: Ed. UnB, 1986. p. 1.185. Grifos nossos.

[43] MATTEUCCI, Nicola. Soberania. In: BOBBIO, Norberto; MATTEUCCI, Nicola; PASQUINO, Gianfranco (Org.). *Dicionário político*. Brasília: Ed. UnB, 1986. p. 1.185.

[44] MATTEUCCI, Nicola. Soberania. In: BOBBIO, Norberto; MATTEUCCI, Nicola; PASQUINO, Gianfranco (Org.). *Dicionário político*. Brasília: Ed. UnB, 1986.

CAPÍTULO 3

MODIFICAÇÕES DA LEGISLAÇÃO E OPOSIÇÃO DOS JUÍZES E PROMOTORES

3.1 Modificações na legislação que rege o abuso de autoridade

Veja-se o capítulo VI do Projeto de Lei do Senado nº 85, de 2017, que define os crimes de abuso de autoridade e as respectivas penas:

CAPÍTULO VI
Dos Crimes e das Penas
Art. 9º Decretar medida de privação da liberdade em manifesta desconformidade com as hipóteses legais:
Pena – detenção, de 1 (um) a 4 (quatro) anos, e multa.
Parágrafo único. Incorre nas mesmas penas a autoridade judiciária que, dentro de prazo razoável, deixar de:
I – relaxar a prisão manifestamente ilegal;
II – substituir a prisão preventiva por medida cautelar diversa ou conceder liberdade provisória, quando manifestamente cabível;
III – deferir liminar ou ordem de habeas corpus, quando manifestamente cabível.
Art. 10. Decretar a condução coercitiva de testemunha ou investigado manifestamente descabida ou sem prévia intimação de comparecimento ao juízo.
Pena – detenção, de 1 (um) a 4 (quatro) anos, e multa.
Art. 11. Executar a captura, prisão ou busca e apreensão de pessoa que não esteja em situação de flagrante delito ou sem ordem

escrita de autoridade judiciária, salvo nos casos de transgressão militar ou crime propriamente militar, definidos em lei, ou de condenado ou internado fugitivo.

Pena – detenção, de 1 (um) a 4 (quatro) anos, e multa.

Art. 12. Deixar injustificadamente de comunicar prisão em flagrante à autoridade judiciária no prazo legal:

Pena – detenção, de 6 (seis) meses a 2 (dois) anos, e multa.

Parágrafo único. Incorre nas mesmas penas quem:

I – deixa de comunicar, imediatamente, a execução de prisão temporária ou preventiva à autoridade judiciária que a decretou;

II – deixa de comunicar, imediatamente, a prisão de qualquer pessoa e o local onde se encontra à sua família ou à pessoa por ele indicada;

III – deixa de entregar ao preso, no prazo de 24 (vinte e quatro) horas, a nota de culpa, assinada pela autoridade, com o motivo da prisão e os nomes do condutor e das testemunhas;

IV – prolonga a execução de pena privativa de liberdade, de prisão temporária, de prisão preventiva, de medida de segurança ou de internação, deixando, sem motivo justo e excepcionalíssimo, de executar o alvará de soltura imediatamente após recebido, ou de promover a soltura do preso, quando esgotado o prazo judicial ou legal.

Art. 13. Constranger o preso ou o detento, mediante violência, grave ameaça ou redução de sua capacidade de resistência, a:

I – exibir-se ou ter seu corpo ou parte dele exibido à curiosidade pública;

II – submeter-se a situação vexatória ou a constrangimento não autorizado em lei;

III – produzir prova contra si mesmo ou contra terceiro.

Pena – detenção, de 1 (um) a 4 (quatro) anos, e multa, sem prejuízo da pena cominada à violência.

Art. 14. Fotografar ou filmar, permitir que fotografem ou filmem, divulgar ou publicar filme ou filmagem de preso, internado, investigado, indiciado ou vítima, sem seu consentimento ou com autorização obtida mediante constrangimento ilegal, com o intuito de expor a pessoa a vexame ou à execração pública.

Pena – detenção, de 6 (seis) meses a 2 (dois) anos, e multa.

Parágrafo único. Não haverá crime se o intuito da fotografia ou filmagem for o de produzir prova em investigação criminal ou processo penal ou o de documentar as condições do estabelecimento penal.

Art. 15. Constrange a depor, sob ameaça de prisão, pessoa que, em razão de função, ministério, ofício ou profissão, deva guardar segredo ou resguardar sigilo.

Pena – detenção, de 1 (um) a 4 (quatro) anos, e multa.

Parágrafo único. Incorre nas mesmas penas quem prossegue com o interrogatório de quem decidiu exercer o direito ao silêncio ou o de quem optou por ser assistido por advogado ou defensor público, sem a presença do seu patrono.

Art. 16. Deixar de identificar-se ao preso, por ocasião de sua captura, ou quando deva fazê-lo durante sua detenção ou prisão, assim como identificar-se falsamente:

Pena – detenção, de 6 (seis) meses a 2 (dois) anos, e multa.

Parágrafo único. Incorre nas mesmas quem:

I – como responsável por interrogatório, em sede de procedimento investigatório de infração penal, deixa de identificar-se ao preso;

II – atribui a si mesmo, sob as mesmas circunstâncias do inciso anterior, falsa identidade, cargo ou função.

Art. 17. Submeter o preso, internado ou apreendido ao uso de algemas ou ao de qualquer outro objeto que lhe restrinja o movimento dos membros, quando manifestamente não houver resistência à prisão, ameaça de fuga ou risco à integridade física do próprio preso, da autoridade ou de terceiro:

Pena – detenção, de 6 (seis) meses a 2 (dois) anos, e multa.

Parágrafo único. A pena é aplicada em dobro se:

I – o internado tem menos de dezoito anos de idade;

II – a presa, internada ou apreendida estiver grávida no momento da prisão ou apreensão, com gravidez demonstrada por evidência ou informação;

III – o fato ocorrer em penitenciária.

Art. 18. Submeter o preso a interrogatório policial durante o período de repouso noturno, salvo se capturado em flagrante delito ou se ele, devidamente assistido, consentir em prestar declarações:

Pena – detenção, de 6 (seis) meses a 2 (dois) anos, e multa.

Art. 19. Impedir ou retardar, injustificadamente, o envio de pleito de preso à autoridade judiciária competente para a apreciação da legalidade de sua prisão ou das circunstâncias de sua custódia:

Pena – detenção, de 1 (um) a 4 (quatro) anos, e multa.

Parágrafo único. Incorre nas mesmas penas o magistrado que, ciente do impedimento ou da demora, deixa de tomar as providências tendentes a saná-lo ou, não sendo competente para decidir sobre a prisão, deixa de enviar o pedido à autoridade judiciária que o seja.

Art. 20. Impedir, sem justa causa, a entrevista pessoal e reservada do preso com seu advogado:

Pena – detenção, de 6 (seis) meses a 2 (dois) anos, e multa.

Parágrafo único. Nas mesmas penas incorre quem impede o preso, o réu solto ou o investigado de entrevistar-se pessoal e reservadamente com seu advogado ou defensor, por prazo razoável, antes de audiência judicial, e de sentar-se ao seu lado e com ele comunicar-se durante a audiência, salvo no curso dos interrogatórios ou no caso de audiência realizada por videoconferência.

Art. 21. Manter presos de ambos os sexos na mesma cela ou espaço de confinamento:

Pena – detenção, de 1 (um) a 4 (quatro) anos, e multa.

Parágrafo único. Incorre nas mesmas penas quem mantém, na mesma cela, criança ou adolescente na companhia de maior de idade ou em ambiente inadequado, observado o disposto no Estatuto da Criança e do Adolescente.

Art. 22. Invadir ou adentrar, clandestina, astuciosamente ou à revelia da vontade do ocupante, o imóvel alheio ou suas dependências, assim como nele permanecer nas mesmas condições, sem determinação judicial ou fora das condições estabelecidas em lei:

Pena – detenção, de 1 (um) a 4 (quatro) anos, e multa.

§1º Incorre nas mesmas penas quem, na forma prevista no *caput*:

I – coage alguém, mediante violência ou grave ameaça, a franquear-lhe o acesso a imóvel ou suas dependências;

II – executa mandado de busca e apreensão em imóvel alheio ou suas dependências, mobilizando veículos, pessoal ou armamento de forma ostensiva e desproporcional, ou de qualquer modo extrapolando os limites da autorização judicial, para expor o investigado a situação de vexame;

III – cumpre mandado de busca e apreensão domiciliar após as 21 horas ou antes das 5 horas.

§2º Não haverá crime se o ingresso for para prestar socorro, ou quando houver fundados indícios que indiquem a necessidade do ingresso em razão de situação de flagrante delito ou de desastre.

Art. 23. Inovar artificiosamente, no curso de diligência, de investigação ou de processo, o estado de lugar, de coisa ou de pessoa, com o fim de eximir-se de responsabilidade ou de responsabilizar criminalmente alguém ou agravar-lhe a responsabilidade:

Pena – detenção, de 1 (um) a 4 (quatro) anos, e multa.

Parágrafo único. Incorre nas mesmas penas quem pratica a conduta com o intuito de:

I – eximir-se de responsabilidade civil ou administrativa por excesso praticado no curso de diligência;

II – omitir dados ou informações, assim como com o de divulgar dados ou informações incompletas, para desviar o curso da investigação, da diligência ou do processo.

Art. 24. Constranger, sob violência ou grave ameaça, o funcionário ou empregado de instituição hospitalar, pública ou particular, a admitir para tratamento pessoa cujo óbito tenha ocorrido, com o fim de alterar local ou momento de crime, prejudicando sua apuração:

Pena – detenção, de 1 (um) a 4 (quatro) anos, e multa, além da pena correspondente à violência.

Art. 25. Proceder à obtenção de prova, em procedimento de investigação ou fiscalização, por meio manifestamente ilícito:

Pena – detenção, de 1 (um) a 4 (quatro) anos, e multa.

Parágrafo único. Na mesma pena incide quem faz uso de prova, em desfavor do investigado ou fiscalizado, tendo prévio conhecimento de sua ilicitude.

Art. 26. Induzir ou instigar pessoa a praticar infração penal com o fim de capturá-lo em flagrante delito, fora das hipóteses previstas em lei:

Pena – detenção, de 6 (seis) meses a 2 (anos) anos, e multa.

§1º Se a vítima é capturada em flagrante delito, a pena é de detenção, de 1 (um) a 4 (quatro) anos, e multa.

§2º Não configuram crime as situações de flagrante esperado, retardado, prorrogado ou diferido.

Art. 27. Requisitar instauração ou instaurar procedimento investigatório de infração penal ou administrativa, em desfavor de alguém, à falta de qualquer indício da prática de crime, de ilícito funcional ou de infração administrativa:

Pena – detenção, detenção, de 6 (seis) meses a 2 (dois) anos, e multa.

Parágrafo único. Não há crime quando se tratar de sindicância ou investigação preliminar sumária, devidamente justificada.

Art. 28. Divulgar gravação ou trecho de gravação sem relação com a prova que se pretenda produzir, expondo a intimidade ou a vida privada, ou ferindo honra ou a imagem do investigado ou acusado:

Pena – detenção, de 1 (um) a 4 (quatro) anos, e multa.

Art. 29. Prestar informação falsa sobre procedimento judicial, policial, fiscal ou administrativo com o fim de prejudicar interesse de investigado.

Pena – detenção, de 6 (seis) meses a 2 (dois) anos, e multa.

Parágrafo único. Incorre nas mesmas penas quem, com igual finalidade, omite dado ou informação sobre fato juridicamente relevante e não sigiloso.

Art. 30. Dar início ou proceder à persecução penal, civil ou administrativa, sem justa causa fundamentada ou contra quem o sabe inocente:

Pena – detenção, de 1 (um) a 4 (quatro) anos, e multa.

Art. 31. Estender injustificadamente a investigação, procrastinando-a em prejuízo do investigado ou fiscalizado:

Pena – detenção, de 6 (seis) meses a 2 (dois) anos, e multa.

Parágrafo único. Incorre nas mesmas penas quem, inexistindo prazo para execução ou conclusão do procedimento, o estende de forma imotivada, procrastinando-o em prejuízo do investigado ou do fiscalizado.

Art. 32. Negar ao interessado, seu defensor ou advogado acesso aos autos de investigação preliminar, ao termo circunstanciado, ao inquérito ou a qualquer outro procedimento investigatório de infração penal, civil ou administrativa, assim como impedir a obtenção de cópias, ressalvadas as peças relativas a diligências em curso ou que indiquem a realização de diligências futuras, cujo sigilo seja imprescindível:

Pena – detenção, de 6 (seis) meses a 2 (dois) anos, e multa.

Art. 33. Exigir informação ou cumprimento de obrigação, inclusive o dever de fazer ou de não fazer, sem expresso amparo legal:

Pena – detenção, de 6 (seis) meses a 2 (dois) anos, e multa.

Parágrafo único. Nas mesmas penas incorre quem se utiliza de cargo ou função pública ou invoca a condição de agente público para se eximir de obrigação legal ou para obter vantagem ou privilégio indevido.

Art. 34. Deixar de corrigir, de ofício ou mediante provocação, tendo competência para fazê-lo, erro relevante que sabe existir em processo ou procedimento:

Pena – detenção, de 3 (três) a 6 (seis) meses, e multa.

Art. 35. Coibir, dificultar ou, por qualquer meio, impedir, sem justa causa, a reunião, a associação ou o agrupamento pacífico de pessoas para fim legítimo:

Pena – detenção, de 3 (três) meses a 1 (um) ano, e multa.

Art. 36. Decretar, em processo judicial, a indisponibilidade de ativos financeiros em quantia que extrapole exacerbadamente o valor estimado para a satisfação da dívida da parte, deixando de corrigi-lo ante a demonstração, pela parte, da excessividade da medida:

Pena – detenção, de 1 (um) a 4 (quatro) anos, e multa.

Art. 37. Demorar demasiada e injustificadamente no exame de processo de que tenha requerido vista em órgão colegiado, com o intuito de procrastinar seu andamento ou retardar o julgamento:

Pena – detenção, de 6 (seis) meses a 2 (dois) anos, e multa.

Art. 38. Antecipar o responsável pelas investigações, por meio de comunicação, inclusive rede social, atribuição de culpa, antes de concluídas as apurações e formalizada a acusação.

Pena – detenção, de 6 (seis) meses a 2 (dois) anos, e multa

3.2 Preocupação dos operadores da força-tarefa e dos magistrados

Essa preocupação excessiva dos procuradores da força-tarefa no sentido de que as emendas parlamentares se propõem a "aterrorizar" procuradores e magistrados carece de fundamento. Até porque não se pretende agir pelo atacado, ou seja, a norma não tem o condão de alcançar o universo dos investigadores. Afinal, o direito penal se volta apenas para o equacionamento de questões individuais.

Por conseguinte, no seio da democracia republicana não há espaço para castas intocáveis. O abuso do exercício de direito deve ser repelido sem que isso caracterize intimidação ou tentativa de inibir a atuação de tais servidores públicos. O que é certo é que a maioria não comete desatinos e, portanto, a regra não lhe atinge.

Os investigados por sua vez não podem ficar à mercê desse modo abusivo de comportamento, sujeitos à execração pública. O processo penal não pode ser acionado para servir a alguns, que veem no espetáculo circense motivação para a consecução do desiderato perseguido de modo enviesado.

Expô-los nem como minuta ao ridículo através de expedientes midiáticos em detrimento da discrição que a atividade impõe.

Não é com medidas estrepitosas, arbitrárias, portanto, ilícitas que se poderá combater a corrupção, retrocedendo à lei de talião. É um jogo perigoso valer-se de práticas pouco ortodoxas para combatê-la sem o menor pudor. Isso demonstra de forma cabal uma proposta no mínimo indecorosa que não cabe ser ofertada aos atores da cena jurídica por falta de eticidade.

A restrição ao uso do *habeas corpus* revela a vontade de limitar a liberdade do cidadão de ir e vir. Trata-se de uma proposição que não comporta cogitar-se de sua seriedade no tempo presente O *habeas corpus* constitui uma das mais importantes peças do sistema jurídico concebido por mentes preocupadas em garantir os direitos e não pode ser menoscabado pela mediocridade messiânica.

Não há qualquer justificativa plausível para conduta desse jaez. No caso vertente, é no compasso da equação jurídica que não se encontra a relação jurídica almejada. Então, o exercício do direito para a consecução de tal desiderato é de nítida conotação abusiva, porque configura um viés sem assento no sistema legal.[45]

A disciplina normativa do chamado abuso de autoridade não tem qualquer caráter intimidatório como proclamam alguns desavisados que tentam justificar seus métodos equivocados de proceder na base da pressão ou mesmo da ameaça velada. Os que se comportam dentro dos parâmetros legais nada têm a temer, porquanto exercem uma faculdade de direito legítima. Assim, o projeto de lei tem por objetivo

---

[45] Para Molinero: "el abuso del derecho ocupa un lugar intermedio entre el acto ilicito y el acto licit; porque el acto licito es uno esjecutado en ejercicio de un derecho y que no hiere ningún derecho; y ele ilicito. El realizado sin derecho y que lesiona un derecho mientras que el acto abusivo seria al llevado a cabo en ejercicio de un derecho y que vulneia un derecho" (PRIETO MOLINERO, Ramiro J. *Abuso del derecho*. Buenos Aires: La Ley, 2010. p. 117).

coibir os comportamentos desconformes com o ordenamento jurídico positivo. Fora disso é o arbítrio e a prepotência que não cabem na democracia republicana.

Por conseguinte, quando a autoridade desborda do caminho da legalidade não exerce o seu papel em consonância com a importância de que desfruta no concerto social. Nessa condição deve responder pelos excessos cometidos, os quais não detém cobertura do sistema legal. Essa iniciativa tem por finalidade garantir a incolumidade dos cidadãos e constitui o próprio corolário do verniz de que se reveste a dignidade do ser humano.

Não há razão plausível para a resistência que vem se opondo à sua materialização pelos titulares da operação Lava Jato. Desse modo, eles, como de resto os atores da cena jurídica, estão submetidos às mesmas regras sujeitas ao homem comum, de contenção posta nas normas vigentes. Nessa perspectiva tais limites se impõem para estancar essas práticas que afetam o conceito dos homens probos sujeitos a intensos ataques à sua honra e honorabilidade.

Vale ressaltar, a propósito, que o que legitima o exercício regular do direito é o esforço de adequá-lo aos fatos dentro de uma linha de parametrização compatível com a realização da justiça. A conduta do agente equidistante desse pressuposto basilar há de ser reparada com os instrumentos postos ao seu alcance mediante o ressarcimento dos danos causados a outrem. Isso não implica menoscabo à autoridade senão conter seu ímpeto e restauração do *status quo ante* daquele que tiver sua reputação ofendida pelos multicitados agentes do Estado.

O mundo jurídico plasmado dentro de uma concepção moral e axiológica constitui produto da criação humana. É imbuído desse sentimento de se fazer justiça, que os atores da cena jurídica vão concebendo suas ideais no plano valorativo, e nesse quadro povoado de valores têm sua inserção. Por isso que a conduta tem que se pautar em um universo no qual se circunscrevem os sentidos voltados para a atividade humana.

Assim, os juízes, procuradores, promotores e outros agentes públicos não devem atuar fora dos padrões estabelecidos pelo direito. Por esse ângulo, aquele a quem é dada a faculdade de usar dos poderes que nele se contêm somente poderá "exercitá-los em harmonia com os padrões da ética social em vigor em determinada sociedade", conforme adverte Manuel de Oliveira Matos.[46]

Segundo Sérgio Moro, o Projeto de Lei do Senado nº 280/2016 amordaça os juízes e promotores na suposição de erro interpretativo que pode redundar em crime de hermenêutica. O abuso de autoridade, entretanto, não tangencia essa linha de raciocínio, ao contrário, na hipótese, o servidor age consciente de modo a extrapolar sua competência. Em verdade, o processo decisório, tendo em vista a natureza plural do direito, comporta sua dialetização, permitindo, assim, a argumentação convincente sem que isso constitua ofensa à sua interpretação e aplicação.

É de boa lembrança que em qualquer democracia os princípios nucleares estatuídos no texto da Constituição estão voltados para a garantia e proteção da dignidade da pessoa humana como um direito fundamental que não pode sofrer modificações substanciais. A separação dos poderes, apanágio das constituições republicanas, dá o tom de que não existe poder absoluto, por isso deve ser limitado visando à preservação de abusos inconsequentes e arbitrários:

> Essa concepção de que o poder tem que ser limitado, mesmo nos estados democráticos, para proteção da liberdade de seus cidadãos, surge a partir do pensamento liberal, mas corresponde a uma nova representação, originariamente também liberal, da ideia de separação de poderes.[47]

---

[46] MATOS, Manuel de Oliveira. *Reflexões jurídicas*. Coimbra: Almedina, 1971. p. 50.

[47] DIPPEL, Horst. *História do constitucionalismo moderno*: novas perspectivas. Lisboa: Fundação Calouste Gulbenkian, 2007. p. 75.

A imunidade se prende à forte resistência de quantos veem nela a possibilidade de enveredar pelos caminhos da impunidade. É perniciosa porque se distancia do tratamento que deve ser dispensado a todos os cidadãos. Os que se beneficiam das regras emendadas pelo Parlamento são os próprios beneficiários das leis produzidas no campo do direito positivo.

A ideologização do ponto de vista sustentado em causa própria desafia as raias da imaginação, na medida em que se recorre a expedientes pouco convencionais para se afastar das normas legais. Constitui o "jeitinho brasileiro" de legislar em prol de seus interesses pessoais em detrimento dos bons costumes. Isso induz ao sentimento de necessidade da construção de uma teoria da responsabilidade política, a fim de enquadrar essa situação fora de controle da legalidade.

O exercício da atividade legislativa não vem correspondendo à expectativa da sociedade, especialmente no tocante à elaboração de emendas constitucionais de duvidosa constitucionalidade. Essa tentativa de desfigurar o texto posto pelo *constituinte* deve ser repelida a bem da democracia, que não tolera esse modo negativo de disciplinar as relações sociais e econômicas indispensáveis à preservação do Estado social delineado pela Constituição de 1988.

3.3 Abuso de autoridade na perspectiva da Lava Jato

A Lava Jato serve-se da chamada delação premiada visando à sua operacionalização no plano processual penal, sem a qual, talvez, não tivesse sido exitosa no plano de sua atuação. Entretanto, uma das consequências dessa forma de metodologia adotada, consistente em seletividade, celeridade e vazamento de seu conteúdo substantivo, não comunga com a expectativa da lei e da Constituição, que propõem a realização do devido processo legal, quebrando a harmonia do sistema jurídico-penal na persecução do direito justo.

Nessa linha de intelecção, não se pode negar a presença de excessos cometidos pelos investigadores em detrimento da incolumidade da dignidade da pessoa humana, da mesma forma, pela exposição de nomes de pessoas que nada tinham, na ótica do princípio de presunção de inocência, a ver com as práticas ilícitas dadas ao conhecimento público, emanadas de delações ainda sem provas que as confirmassem. Esta constitui uma de suas facetas negativas da interpretação que coloca na vala comum *presumidos inocentes eleitos* que, embora sem julgamento, já são considerados culpados pela mídia

Esse é o quadro com o qual se depara o país nessa perspectiva do tempo que caminha célere para sua desintegração. A corrupção ganha foros de grandeza pelo fascínio que provoca e pelos estragos que corroem a base da democracia. O roteiro percorrido pelos seus protagonistas supera a expectativa de quantos têm se empenhado em combatê-la de frente. Na verdade, não há como ficar indiferente a essa praga que se expande em detrimento dos valores morais, apanágio de uma sociedade ciosa dos deveres impostos pelos desmandos sociais cada vez mais crescentes.

É necessário enfrentar com coragem as armadilhas do processo armadas pelos investigadores de falas desconectadas com o contexto fático-jurídico, e delas não se pode colher a essência das coisas, porque construídas à sombra do pedestal confortável que lhes propicia a burocracia norteadora do *modus operandi* dos governantes ao largo dos direitos de cidadania como repositório das constituições republicanas.

Sem se importar com a compreensão verdadeira do mundo da vida espelhado pela realidade factual, os peregrinos dessa desventura do cotidiano – policiais, promotores federais e estaduais e magistrados – perambulam entre as lágrimas e o sofrimento dos investigados a fim de impor uma atividade persecutória implacável elegendo o alvo na busca da condenação a qualquer custo.

A matéria-prima desse espetáculo circense é o imbróglio que busca convencer o juízo. Não bastasse isso, entra em cena a figura caricata dos "delatores", os quais, ao descumprir o pacto celebrado com os empresários e agentes públicos com vistas a saquear o erário, resolvem quebrá-lo para tirar proveito do seu próprio ardil.

A maneira desdenhosa, até com certa naturalidade, com que se apresentam no banco dos réus se afigura desrespeitosa à justiça, já que se valem da fina ironia e deboche. Por isso os depoimentos da Lava Jato prestados em juízo revelam verdades, mentiras e omissões de toda ordem, expostas ao público como se fossem definitivas.

O discurso vazio com uma forte conotação de convencimento – permeado de conjecturas, suposições e ilações – é usado pelos acusadores para fabricar um cenário distorcido da realidade factual. Há até uma proposta de se recorrer às provas ilícitas para condenar, o que caracteriza uma imoralidade repudiada pelo ordenamento jurídico positivo comprometido com os desígnios de eticidade.

O espetáculo propiciado pelos monitores dessa orquestra desafiada com os toques da música retirada da justiça não se coaduna com a práxis democrática. E a mídia, na busca por audiência ao divulgar textos de vazamentos seletivos das delações, presta um desserviço à causa da justiça. Isto porque a divulgação de notícias deve primar pelo caráter de seriedade sem o que não merecerá crédito da sociedade.

A corrupção que assola o país é endêmica e sistêmica, razão pela qual não se resume tão somente aos fatos referidos à operação Lava Jato, que monopoliza o noticiário dos veículos de comunicação. Seus tentáculos se espalharam de forma ordenada e bem estruturada através de um departamento de uma empreiteira que comandava todo o esquema voltado para as fraudes licitatórias.

Pela mesma forma, o enriquecimento ilícito de determinados segmentos da administração em todos os níveis pelo seu vulto merece também ser apurado com rigor. A criação artificial de vantagens e benefícios concedidos, principalmente a magistrados e promotores públicos federais e estaduais, deve ser igualmente objeto de devassa.

A propósito, as diárias concedidas a procuradores do MP, em torno de R$1.000,00, conforme denúncia do Subprocurador-Geral da República Eduardo Aragão, é um escárnio aos trabalhadores, que pagam metade do salário para financiar mordomia dessa natureza. É preciso, ainda, verificar porque sua remuneração está acima do teto constitucional, estipulado em R$33.700,00, e quais são os valores correspondentes aos penduricalhos agregados ao "subsídio".

Como se vê, trata-se de conduta que não leva em consideração a crise financeira em que o país se acha mergulhado. Esse quadro de disfunção funcional ao plano remuneratório é fenômeno atribuído ao que se convencionou chamar de *supersalários*. E isso se constitui um acinte, a caracterizar prejuízos às políticas públicas, e pode ser enquadrado como uma das vertentes da corrupção.

A autonomia funcional não tem caráter de pessoalidade, já que não se configura um atributo específico dos promotores de justiça federais e estaduais. É óbvio que, na perspectiva institucional, ela decorre da competência estabelecida para o Ministério Público pela Constituição. Assim, não cabe aos seus membros chamar para si o direito de exercer o direito legítimo a seu bel prazer, louvando-se dessa faculdade.

Daí porque não podem utilizar dessa faculdade extraordinária a fim de ocupar o espaço de sua atuação delimitado por lei. Nessa linha, a real soberania que pensam os promotores não lhes toca de perto. Sua competência circunscreve-se ao âmbito de suas prerrogativas funcionais e, assim, quando houver justificativa plausível para requerer providencias ou mesmo acionar a jurisdição em razão cuja iniciativa somente será legítima se houver justa causa para o procedimento escolhido na seara administrativa, civil ou penal.

Nessa linha de intelecção, tal ponto de vista reproduz o princípio kantiano de que "os fins justificam os meios", de tal sorte a permitir a concretização de uma prática abusiva. Estar-se-ia, portanto, circunscrevendo-se ao âmbito de uma ação descaracterizada pela virtude devido ao desencadeamento de uma ação descomprometida com os desígnios da eticidade. Afinal, de boas intenções os céus estão carregados em suas entranhas.

Saliente-se como de bom alvitre que a ação humana deve se cercar de procedimentos exemplares capazes de enaltecer a dignidade em toda a sua plenitude humanística, e não veicular em seu bojo a mentira na persecução de um objetivo, valendo-se de meios escusos. Ela somente terá a justificação devida tendo como fundamento o absoluto respeito à moralidade e aos bons costumes. Isso é imprescindível a fim de que se possa alcançar foro de credibilidade.

3.4 Desvirtuamento de regras processuais

Vivem-se tempos estranhos no campo da processualística em que se pressente certa má vontade com a atuação dos advogados que militam junto à Lava Jato. Além da extrapolação da competência investigatória ao gravar conversas entre eles e seus clientes, há uma divulgação seletiva de trechos delas retirados pela mídia como se fossem a fiel expressão da verdade.

Outras situações evidenciam a dimensão dos excessos cometidos pelos protagonistas da cena jurídica que fazem dos holofotes o instrumento maior do seu *modos atuandi*, sem se preocupar com os aspectos negativos desse comportamento pouco usual. As ações espetaculosas completam esse quadro fora de controle, podendo correr-se o risco dos depoimentos e resultantes das delações premiadas serem anulados pelo Judiciário.

Tudo é possível nesse ambiente de intensa confusão jurídica em que ninguém se entende. O combate à corrupção se faz com competência e profissionalismo, sem estardalhaços;

todos estão empenhados no combate à corrupção em sua teia que contamina o ambiente moral do serviço público, como: o superfaturamento das diárias, bem como os supersalários pagos aos marajás da República.

Não se pode deixar de lado, também, as ilegais e arbitrárias conduções coercitivas, sem qualquer comunicação prévia ao investigado. As interceptações telefônicas realizadas ao arrepio da lei depõem contra o sigilo a elas conferido. É um passo para banalização que não se coaduna com o Estado democrático que exige parcimônia no uso de tais instrumentos e a condenação do investigado por antecipação.

Demonstrações impróprias de membros do Ministério Público devem ser coibidas sob pena de responsabilidade, como exemplo, a insinuação de que determinada pessoa será presa, antecipando, assim, a futura iniciativa do Judiciário. Cuida, pois, de julgamento antecipado que somente pode ser tomado como palpite da autoridade que apenas tem o direito de postular dentro do seu raio de competência. Nada mais.

Para Eugênio Aragão, ex-ministro da Justiça e subpro-curador-geral da República, citado por Leonardo Isaac Yarochewsky:

> O que se percebe, hoje, na força tarefa da operação "lava jato" é precisamente isso: polícia, ministério público e juiz como parceiros de uma mesma empreitada, protegendo-se reciprocamente, tudo em nome da necessidade do rigor no combate à corrupção. Expõem-se castelos teóricos para o público que não são em absoluto conferíveis, para chegar a conclusões antecipadamente postuladas, por exemplo, de que Luiz Inácio Lula da Silva, o ex-presidente, era o chefe de uma organização criminosa instalada em seus governos. Nenhuma prova sólida é apresentada, mas apenas suposições baseadas em duvidosas declarações de terceiros, muitos, verdadeiras testemunhas de *"hearsay"*, sem credibilidade, todas socadas nos "escaninhos" teóricos prévios. Mas fazem-se coletivas de imprensa em salas de conferências alugadas com dinheiro público, para apresentação de vistosos gráficos de *PowerPoint* de impressionante fragilidade, sempre

em prol de uma teoria prévia, que desconhece a dignidade humana e a presunção de inocência do investigado exposto, por darem-se como definitivos os pressupostos hipotéticos dessa teoria montada.[48]

Isso demonstra de modo cabal a presença da estratégia *lawfare* visando a desqualificar as pessoas investigadas pela força-tarefa da operação Lava Jato. Nesse caso, recorre-se à fórmula do abuso de direito com vistas a neutralizar ou mesmo minar todo o esforço da defesa no sentido de transmitir uma imagem negativa das pessoas pretensamente envolvidas com os fatos que estão sendo apoiados.

Para a consecução desse desiderato, recorre-se à manipulação de regras jurídicas que promovem a judicialização de demandas visando a desacreditar o oponente no plano político. Busca-se o enquadramento normativo fundado em aparente legalidade na justificação de atos desprovidos de conteúdo substantivo, porquanto lastreado em premissas desfundamentadas no campo da objetividade jurídica.

Como se denota, a operação Lava Jato desbordou-se para o campo político com o fato de transmitir uma imagem do investigado com o objetivo de confundir a opinião pública. Assim, para alcançar determinados fins, mesmo inconfessáveis, pouco importam os meios adotados. Ao ocultar a verdadeira intenção do ato, aplica-se a estratégia *lawfare*, expressão usada para designar a prática abusiva ligada ao direito.

---

[48] YAROCHEWSKY, Leonardo Isaac. De erro em erro a Constituição Federal vem sendo rasgada. *Conjur*, 11 abr. 2017. Disponível em: <http://www.conjur.com.br/2017-abr-11/yarochewsky-erro-erro-constituicao-vem-sendo-rasgada>.

CAPÍTULO 4

A INTERPRETAÇÃO CONSTITUCIONAL E O ABUSO DE AUTORIDADE

4.1 A problemática da interpretação e aplicação do direito

Não há de se estranhar que a lei possa se metamorfosear ao longo do tempo, o que, sem dúvida, desestabilizaria a convicção processada em determinados *precedentes*. E induziria, por outro lado, a admitir o caráter de provisoriedade da súmula vinculante. Isso demonstra de forma cabal a dificuldade de uma formulação de uma ideia global do direito nessa seara procedimental, em face de sua pretensão de pleitear a sua condição de cientificidade, devido ao seu caráter de pretensão a tangenciar o campo meramente empírico-sociológico.

E isso porque, segundo A. Santos Justo, o direito somente se viabiliza no plano judiciário através do processo decisório que garante sua fruição pelos reivindicantes. O ponto de vista esposado pelo referido autor resulta de sua crítica dirigida ao normativismo sociológico, pensamento que reduziu "o direito a um simples fato social" destituído de normatividade. Nesse aspecto, teve como ponto central as correntes do realismo jurídico escandinavo e o norte-americano, dando conta de que essa orientação:

> Aspirava-se a uma global compensação sociológica do direito através de considerações de suas causas e de seus fins. E porque

só há o direito que se impõe nas decisões judiciais, para à ciência jurídica cabe estudar a possibilidade de o juiz decidir neste ou naquele sentido: importar estudar os fatores determinantes das decisões dos juízes [...]. É que há, no direito, uma irrecusável dimensão normativa que os seus conceitos manifestam e por isso, é impossível eliminá-la: o d seu conteúdo é axiológico e normativo e confere-lhe a especificidade que a ciência jurídica não pode ignorar.[49]

E mais aduz sobre a questão:

Isto implica que o juiz, chamado a aplicar o direito positivo não é um mandatário sujeito as diretivas de quem o designou, mas ao [órgão porta-voz autônomo do direito, por isso não afasta à possibilidade de, no exercício de sua função, frustrar um determinado desígnios do legislador.[50]

Nessa mesma linha de pensamento, Benjamin N. Cardozo, membro da Suprema Corte dos Estados Unidos em 1932, assim se expressou sobre a matéria: "O Direito nunca é; está sempre prestes a ser. Só se torna real quando encarnado numa decisão judicial e, ao tornar-se real, expira-se. Não existem coisas como normas ou princípios há somente sentenças isoladas".[51]

Pela mesma forma o referido autor assinala:

As normas e os princípios do Direito estabelecido por precedente legal oi por decisão judicial nunca foram tratados como verdades conclusivas, mas como hipóteses de trabalho continuamente submetidas a novos testes nesses grandes laboratórios do Direito que são os tribunais de justiça.[52]

---

[49] JUSTO, A. Santos. *As nótulas de história do pensamento jurídico*: história do direito. Coimbra: Coimbra Ed., 2005. p. 67-68.

[50] JUSTO, A. Santos. *As nótulas de história do pensamento jurídico*: história do direito. Coimbra: Coimbra Ed., 2005. p. 81.

[51] CARDOZO, Benjamin N. *A natureza do processo judicial*. São Paulo: Martins Fontes, 2004.

[52] CARDOZO, Benjamin N. *A natureza do processo judicial*. São Paulo: Martins Fontes, 2004. p. 12.

Como se observa, a interpretação de uma lei não se afigura apenas uma simples incursão no ordenamento jurídico, mas consiste, também, em examinar suas características à luz dos valores e princípios constitucionais. De sorte que "falar de uma interpretação exclusivamente correta, que seria o verdadeiro sentido da lei, do começo a o fim de seus dias é totalmente errado", conforme pontua Benjamin Cardozo.[53]

Nessa mesma linha de ideias, Michel Villey afirma que as normas jurídicas são meramente descritivas daquilo que se constitui como objeto do direito e assim faz de modo incompleto. Assim, "seria errado atribuir-lhe uma autoridade absoluta", portanto, "O Direito é algo que lhes preexiste (*jus quod est*), objeto de pesquisa permanente e discussão dialética, com o qual jamais coincidirão nessas fórmulas".[54]

4.2 Possibilidade de aplicação do direito implícito

Por outro lado, Rui Barbosa fortalece o ponto de vista aqui sustentado por John Marshall, que o considerou o maior dos juízes da Corte suprema dos Estados Unidos. No texto revela, sobre sua decisão no caso Marbury *v.* Madison, no sentido de declarar a inconstitucionalidade dos atos abusivos da legislatura:

> A opinião de Marshall, portanto no seu aresto sobre, todos histórico, sobre todos clássico e importante sobre todos, encarava o poder, reconhecidos aos tribunais, de não executarem as leis inconstitucionais, encarava este poder e este dever de justiça, não como função enumerada, mas como *implícita* na Constituição.[55]

---

[53] CARDOZO, Benjamin N. *A natureza do processo judicial*. São Paulo: Martins Fontes, 2004. p. 60.

[54] VILLEY, Michel. *O direito e os direitos humanos*. São Paulo: WMF Martins Fontes, 2007. p. 67.

[55] BARBOSA, Rui. *Questão Minas × Werneck*. Rio de Janeiro: MEC/Fundação Casa de Rui Barbosa, 1980. p. 207.

Trata-se à espécie de uma interpretação dedutiva que, segundo Rui Barbosa, tinha esse caráter, ainda assim a doutrina defendida por Marshall negava à justiça o direito de contestar a validade das leis, salvo quando a tal autoridade lhe seja expressamente dada na Constituição.[56]

Em razão dessa convergência de pensamento, não há como imputar aos magistrados, a propósito do imaginário crime de hermenêutica suscitado por Rui Barbosa, qualquer desvio ou mesmo abuso. Então não é crível que a interpretação possa tipificar qualquer figura de natureza penal, visando ao enquadramento de juízes e promotores do poder de autoridade.

Se a interpretação constitui um método de deduzir o direito no plano da realização da justiça, dele não dimana qualquer resquício de ilicitude, podendo ocorrer, isto sim, algum erro metodológico suscetível de prejuízo a uma das partes da relação processual sem que isso possa ser tomado como crime.

Por conseguinte, essa situação singela não pode nem deve ser confundida com má-fé ou outro comportamento atentatório à virtude da justiça. Como se sabe, a maioria dos juízes, promotores e procuradores não cometem excessos, dignos de nota. Por isso, é fácil detectar que a eles essa situação não toca em face de sua retidão de conduta.

O método jurídico voltado para a criação de normas também se insere no campo do direito implícito, conforme posicionamento de Josep Aguilo Regla:

> el método jurídico y la creación de normas jurídicas: el derecho implícito y la doctrina jurídica si nos damos cuenta de ello, es fácil percatarse de que de que una teoría de las fuentes del Derecho no puede eludir el problema del llamado Derecho implícito. Si por Derecho explícito entendemos aquel que es el producto de actos normativos realizados por autoridades jurídicas, el Derecho

---

[56] BARBOSA, Rui. *Questão Minas x Werneck*. Rio de Janeiro: MEC/Fundação Casa de Rui Barbosa, 1980. p. 207.

implícito será aquel que es un resultado de la elaboración racional del Derecho explícito o lo que es lo mismo, un producto del método jurídico.

Sin se acepta lo anterior entonces es fácil darse cuenta de que para la teoría de las fuentes, donde lo fundamental es poner en conexión las normas con los procesos de los que ellas son un resultado, es indiferente hablar de Derecho implícito (resultado) o de método jurídico, elaboración racional del propio Derecho o argumentación jurídica (proceso).

Sin pretender extenderme en la cuestión, piense el lector que la relevancia de la doctrina jurídica para la teoría de las fuentes proviene de que la labor teórica que realizan los dogmáticos consiste fundamentalmente en una mediación entre la generalidad de las normas jurídicas explícitas y las soluciones de los casos particulares; extraen y justifican conclusiones normativas que se presentan como explicitaciones del Derecho implícito; son (o pretenden ser) el resultado de la elaboración racional del Derecho explícito. Téngase en cuenta que, en definitiva, la utilidad de la dogmática radica en que su la labor consiste precisamente en suministrar razones para resolver casos concretos más allá de las estrictamente suministradas por el Derecho explícito.[57]

4.3 A intencionalidade do agente

Nessa linha de pensamento, o abuso de poder de autoridade reside fundamentalmente na intenção deliberada do agente público de assim agir extrapolando as balizas legais. Constitui, portanto, a ação direcionada no sentido de atuar com parcialidade, não medindo as consequências nefastas de seu ato. Não há de se buscar, pois, no plano metodológico, razão para justificar a tipicidade penal do pretenso crime de hermenêutica questionado.

Rui Barbosa, jurista de nomeada, expressão maior do direito em todos tempos, descarta a ideia de crime dessa

---

[57] AGUILÓ REGLA, Josep. *Teoria general de las fuentes del derecho (y el orden jurídico)*. Barcelona: Ariel, 2000. p. 163-165.

natureza. Conquanto tal figura exótica tenha tido acolhimento em um dos tribunais superiores do Rio Grande do Sul, foi rechaçada pelo Supremo Tribunal Federal. Com efeito, esse posicionamento caiu por terra, porque, além de inapropriado, não se ajustava à ordem legal.

Decorrente disso, não subsiste o ponto de vista sustentado por membros do Poder Judiciário e do Ministério Público visando a se opor ao projeto de lei relatado pelo Senador Roberto Requião, que atualiza essa insistência de descriminalizar as posturas favoráveis à instituição do arbítrio em flagrante desrespeito à democracia republicana.

Em artigo elaborado por Maria Fernanda Salcedo Repolês, a autora assevera:

> Para concluir a sua defesa perante o Tribunal de segunda instância, o Dr. Alcides mostra que se houve alguém que se moveu por interesses políticos e paixões partidárias, esse alguém foi precisamente o Presidente do Estado, que, ao invés de recorrer da sentença, mandou processar criminalmente o juiz por interpretar a lei, instituindo uma figura desconhecida do código penal brasileiro: *o crime de hermenêutica*.
>
> Rejeitada a preliminar, o Tribunal passou a decidir primeiramente sobre a pronúncia. Essa decisão é interessante, pois acaba por consagrar a idéia de que o juiz pode ser processado criminalmente por fazer uma interpretação equivocada da lei. O relator argumenta que a falsa interpretação do juiz, que confunde o direito com a forma e a instituição com a organização, teria como conseqüência a restrição das prerrogativas constitucionais dadas aos governos dos Estados-membros, atentando contra o princípio federativo. O Tribunal levanta outro argumento, o da necessidade da aplicação da doutrina norte americana da "inconstitucionalidade manifesta", segundo a qual o juiz deve considerar que toda lei goza da *presunção de constitucionalidade*, o que implica que a declaração de inconstitucionalidade só poderá ser feita em caso de clara e evidente violação à Constituição. Em caso de dúvida, ele deverá permanecer em favor do poder legislativo, de forma a não "subverter-se a necessária e legitima coordenação dos departamentos do poder público, e não se desprestigiar o regime

republicano, que deve ser verdadeiramente o governo da lei" (BRASIL, Revisão-crime 1897: 39).[58]

4.4 Abuso de poder de autoridade e interpretação

Certamente pelo que ficou demonstrado nas colocações feitas no presente estudo, o abuso de autoridade não se confunde com a interpretação de modo a gerar o chamado crime de hermenêutica. Enquanto esta se afigura o método visando estabelecer o sentido, o conteúdo e o alcance da regra jurídica, aquela, ao contrário, extrapola o seu raio de ação em detrimento da justeza normativa que orienta e direciona a aplicação do direito.

Nessa perspectiva, o que está em causa é uma questão de natureza competencial de relevância para o desate da controvérsia nesse campo da seara jurídica. Não há nenhuma confusão entre o abuso de autoridade e a interpretação, já que esta problemática se descortina no plano da objetividade jurídica. Sendo certo, portanto, que aqui se trata de uma situação vinculada ao poder inerente ao exercício do direito pela vertente da autoridade que age de modo abusivo.

Por sua vez, a interpretação não se compadece com o abuso de poder de autoridade, até porque não é crível admitir a sua criminalização porquanto esta não decorre daquela. Enfim, é o abuso e não a interpretação que a lei objetiva atingir. Dessa forma, a resistência ao projeto de lei do Senado original não tinha razão de ser, ainda assim o relator anuiu em modificar os termos da regra ali posta para definir o que não é crime de hermenêutica, desnecessariamente, porém.

A conectividade entre o abuso de autoridade, a interpretação e o crime de hermenêutica não se consuma devido à impropriedade do objeto que se tem em mira alcançar.

---

[58] REPOLÊS, Maria Fernanda Salcedo. O caso dos crimes de hermenêutica: precedente do controle difuso de constitucionalidade no Brasil. In: CONGRESSO NACIONAL DO CONPEDI, XVIII, 2009. *Anais...* São Paulo, 2009.

Destarte, pode-se deduzir na certeza de que possível relação desse nível não é suficiente para estabelecer uma equação factual de formalizar uma relação jurídica capaz de justificar a solução alvitrada pelos que se opõem à tese aqui defendida.

Não é demais salientar que o abuso de autoridade tem se constituído em uma forma de agir que não se compraz com a boa aplicação do direito. Além do mais, não se coaduna com a práxis republicana. Traz a marca de resquícios de autoritarismo próprio do estado de exceção incompatível, portanto, com o regime democrático. Assim os atos com conotação abusiva praticados pelos agentes públicos devem ser reprimidos e reparados em razão do prejuízo causado aos cidadãos, devendo o seu autor responder, pessoalmente, pelo ato desconforme com o direito.

As miscelâneas de decisões díspares proferidas pelo Poder Judiciário no pleno exercício de sua jurisdição vêm causando insegurança jurídica em razão dos reflexos negativos promovidos por esse tipo de comportamento. Exemplo disso pode se extrair da questão relacionada com a entrevista de Lula por um órgão de imprensa. Com efeito, depois de autorizada pelo Min. Lewandowski, do STF foi desconsiderada pelo Min. Luiz Fux sem que para tanto estivesse investido de competência, já que não se tratava de liminar e sim de decisão apta a produzir efeitos jurídicos imediatos através do cumprimento de mandado nesse sentido expedido pelo seu Gabinete.

Tudo isso evidencia como é deveras difícil o ofício de aplicar e executar a lei em um caso envolvendo pessoa de prestígio nacional no seio da sociedade, fato que implica pelo menos aparentemente cerceamento da liberdade de imprensa. Nessas condições não há como contemporizar situações equidistantes do figurino capaz de promover a realização da justiça, tema que, aliás, tem suscitado os mais acirrados debates no mundo da vida.

Resta dizer, à guisa de conclusão, que à autoridade detentora de poder compete exercê-lo dentro dos parâmetros legais e constitucionais. Fora disso incorre, é natural, nas penas da lei. Nada impede, entretanto, que no trabalho de intérpretes se assegure dos valores e princípios constitucionais para melhor fundamentar o processo decisório da perspectiva da processualista moderna.

4.5 Aspectos referentes à questão da hermenêutica

Para Arthur Kaufmann, o conteúdo não desfruta de qualquer importância na perspectiva do positivismo normativista, pois se assim fosse o direito injusto também nele caberia em termos conceituais, desde que sua produção obedecesse às formalidades legais de modo correto. Dessa forma, aduz ainda que o direito é "orientado para valores: ele é a realidade de cuja razão de ser é servir a justiça".[59]

Por conseguinte, a hermenêutica parte da hipótese de que a compreensão está antenada ao que se transmite. Entre "esta tradição que a compreende e a razão não existe uma lei", assevera o mencionado jurista, posto que:

> A determinação do direito não é simplesmente um acto passivo de *subsunção*, mas um acto criativo no qual o investigador do direito é implicado significa que o direito não é substancial, mas está nas coisas, como é dito no Witiko de Stifter, pelo contrário, todo direito tem um caráter referencial, o direito é algo relacional, existe nas relações dos homens entre estes com as coisas.[60]

De igual maneira o simples exame das normas não basta ao apelo dos juristas na qualidade de intérpretes e aplicadores

---

[59] KAUFMANN, Arthur. Filosofia do direito, teoria do direito dogmática jurídica. In: KAUFMANN, A.; HASSEMER, W. (Org.). *Introdução à filosofia do direito em teoria do direito contemporâneas*. Lisboa: Fundação Calouste Gulbenkian, [s.d.]. p. 137.

[60] KAUFMANN, Arthur. Filosofia do direito, teoria do direito dogmática jurídica. In: KAUFMANN, A.; HASSEMER, W. (Org.). *Introdução à filosofia do direito em teoria do direito contemporâneas*. Lisboa: Fundação Calouste Gulbenkian, [s.d.]. p. 151. Grifos nossos.

das mesmas. Isto porque na investigação dos fatos jurídicos, segundo Ulfrid Neumann na perspectiva da teoria da ciência do direito:

> O saber jurídico não tem apenas que analisar o conteúdo das normas jurídicas, mas também os seus objetivos as suas formas de aplicação e os seus efeitos. Quanto a isso, tem que se admitir que há normas que são, de fato observadas na comunidade jurídica, embora não estejam fixadas em lei ou sentenças judiciais. A investigação dessas situações aponta para interdependência entre direito e vida social.[61]

4.6 A interpretação do direito e sua vinculação a uma concepção de Estado

Os cidadãos brasileiros estão absolutamente convencidos de que a democracia é o regime que melhor atende aos anseios da sociedade civil em consonância com a estrutura concebida pela Constituição de 1988. Tal assertiva restou comprovada pela pesquisa realizada pelo Datafolha. Isso demonstra o alinhamento de todos em torno da necessária continuidade das políticas públicas implementadas pelo Governo nos últimos anos, nomeadamente sob a batuta dos ex-presidentes Lula e Dilma Rousseff.

O que se pretende, agora, é a retomada do Estado social, como colocou em evidencia Leonardo Avritzer, visando à "restauração de uma concepção pública de Estado em contraposição à forma privada hegemonizada pelo mercado financeiro que se instalou impeachment".[62] As garantias à proteção social estruturadas no texto constitucional mostram

---

[61] BULLESBACH, Alfred. Saber jurídico e ciências sociais. In: KAUFMANN, A.; HASSEMER, W. (Org.). *Introdução à filosofia do direito em teoria do direito contemporâneas.* Lisboa: Fundação Calouste Gulbenkian, [s.d.]. p. 494.

[62] AVRITZER, Leonardo. As eleições e a retomada do Estado social. *Le Monde Diplomatique Brasil,* São Paulo, ago. 2018. p. 4.

que o constituinte trabalhou no sentido de fortalecer o ideário democrático tendo como meta os direitos fundamentais.

Não é sem razão que o Estado democrático tem como pilar a estrutura e o funcionamento determinado pela República Federativa do Brasil, sobressaindo-se como ente devidamente moldado pela Constituição da República, tendo como mira a realização da dignidade da pessoa humana. Como pode se observar, a teoria da interpretação constitucional está visceralmente vinculada a essa concepção de Estado e por isso mesmo ao próprio texto constitucional como elemento fundamental ligado ao constitucionalismo.

Por conseguinte, a interpretação se funda numa "atividade cognoscitiva e valorativa". Dessa forma, como acentua Cristina Queiroz, ela atua na persecução visando a um "resultado correto justo e adequado". Justamente por isso compreende, ainda segundo a referida jurista portuguesa, "agora o recurso não apenas às normas, mas, também aos princípios, aos valores e as formas de argumentação".[63]

Por outro lado, Antônio Cortês, ao estabelecer alguns comentários sobre os fundamentos da decisão jurisdicional, adverte:

> Quem não procure os princípios éticos de justiça e racionalidade – v.g. dignidade humana, igualdade, proporcionalidade, proteção da confiança, processo equitativo – não poderá determinar a força e o alcance que os direitos constitucionalmente consagrados devem, concretamente, ter, acrescentando que "a ideia de Direito é axiologicamente coincidente com a Justiça e tende a convergir institucionalmente com a ideia global do Estado de Direito".[64]

Não cabe, pois, no plano da hermenêutica, atribuir crime ao produto da interpretação por ato que se caracterize como

---

[63] QUEIROZ, Cristina. *Interpretação constitucional e poder judicial*: sobre a epistemologia da construção constitucional. Lisboa: Coimbra Ed., 2000. p. 30-31.

[64] CORTÊS, Antônio. *Jurisprudência dos princípios*: ensaios sobre os fundamentos da decisão jurisdicional. Lisboa: Ed. Universidade Católica, 2010. p. 41-279.

abuso de autoridade. É tirar desta a lesividade e transferi-la para o intérprete que em nada contribuiu para o desfecho da questão, a fim de justificar a legitimidade do abuso perpetrado contra o cidadão em detrimento de sua incolumidade afetada injustamente.

CAPÍTULO 5

ATOS PRÁTICOS DE NATUREZA ABUSIVA

5.1 Abuso de demanda na área do processo de execução fiscal

Apesar de a Constituição Federal garantir a incolumidade dos salários dos trabalhadores necessários à sobrevivência familiar, ainda assim não escapa à sanha fiscal. As restituições em razão da retenção a maior feita, após a declaração do contribuinte, são incorporadas ao patrimônio estatal por até vários anos. Trata-se de uma compensação não consolativa unilateral de suporte ilegal.

É patente que o débito, por retenção indevida, da Fazenda Nacional tem natureza alimentícia, nos termos do art. 100, §1º da CF e, como tal, deve ser satisfeito imediatamente. O fato de levar até mais de cinco anos sem a devida restituição constitui um abuso intolerável. Ademais, a restituição dos titulares da referida verba que tenham sessenta anos ou mais, ou seja, portadores de doença grave, tem preferência sobre todos os demais débitos decorrentes de restituições e, também, se aplicam à espécie por assimilação da regra do §2º do mesmo artigo.

Os processos de execução fiscal não contam com a presteza e cautela dos procuradores e juízes que atuam nessa área sensível ao bolso do contribuinte. Não se leva em consideração os supostos débitos questionados no âmbito administrativo. Transparece que não se tem o devido cuidado de examinar a certeza e a liquidez das certidões da dívida ativa que podem decretar a sua ilegitimidade como título executivo extrajudicial.

A atuação dos magistrados e de procuradores das fazendas federais e estudais deixam a desejar nesse aspecto por falta de domínio de matéria fiscal tributária. Certamente o processo de execução fiscal exige conhecimento de causa de seus protagonistas, não permitindo, assim, a improvisação. Nessa vontade desmedida a Fazenda Pública leva a juízo sua pretensão indiferente a qualquer iniciativa capaz de equacionar o problema a contento.

É preciso verificar, antes de se propor demanda contra pessoas físicas ou jurídicas, se o objeto da execução não padece de vícios insanáveis. Nessa linha, cumpre perquirir se houve ou não a incidência de eventos suscetíveis de comprometer seu conteúdo substantivo, entre eles prescrição, decadência, débitos parcelados ou mesmo questionamento acerca do *quantum debeatur* e, por fim, se a questão está sendo resolvida no âmbito administrativo.

Importa salientar que essa atitude causa sérios transtornos aos contribuintes. Não bastasse isso, acrescente-se a penhora *on-line*, cuja celeridade do bloqueio do patrimônio de terceiros opera com uma presteza extraordinária e, quanto ao desbloqueio, segue o ritmo medieval. Configura, pois, um transtorno incontornável na vida dos trabalhadores e das empresas em detrimento dos valores do trabalho e da livre iniciativa de que fala a Constituição Federal.

Como se denota, a mera referência intuída da decisão que colhe a execução em todos os seus termos em muitos casos não prospera. Falta-lhe a concretude, a essência, a veracidade da certidão da dívida ativa e, portanto, carece de plausibilidade. Além do mais, essa prática implica dificuldades na formulação das defesas dos sujeitos submetidos à relação obrigacional tributária por iniciativa da Fazenda Pública.

Registre-se, por oportuno, que outro fato gravíssimo é violação escancarada do art. 145, §1º da Constituição Federal, na medida em que a tributação não respeita a capacidade econômica do contribuinte. Tanto mais porque tributos arrecadados dos trabalhadores até cinco salários mínimos têm caráter confiscatório.

Os representantes do Fisco incorrem em abusos quando molestam os contribuintes, segundo Raul Haidar, quando exigem "cópias de extratos bancários, ou elaboração de planilhas", visando a demonstrar "a idoneidade de suas movimentações financeiras". Sugere, ainda, o referido articulista: "Se há abusos praticados pelo Fisco, os contribuintes devem procurar a proteção legal para que a eles não se submetam".[65]

É por isso que Admilton Almeida aduz:

> Devido à quantidade de execuções apresentadas pela Procuradoria da Fazenda, percebemos que não existe segurança jurídica. Muitos juízes recebem a execução e de imediato bloqueiam conta salário, poupança e conta-corrente conjunta, além de determinar a penhora de veículos após a vida útil e imóvel acima da dívida sem antes reavaliar o bem.[66]

O poder está nas mãos do povo como fonte primária da soberania e o exerce através de seus representantes eleitos em pleitos democráticos. Nessa perspectiva, vê-se a presença de constituinte como formulador dos contornos jurídicos do Estado, a este cabendo o papel de satisfazer as necessidades públicas. Então, o poder constituinte do povo é o responsável

---

[65] HAIDAR, Raul. Crimes contra a ordem tributária: abusos e fantasias do Fisco. *Conjur*, 6 fev. 2017. Disponível em: <https://www.conjur.com.br/2017-fev-06/justica-tributaria-crimes-ordem-tributaria-abusos-fantasias-fisco>. Acesso em: 13 fev. 2017.

[66] ALMEIDA, Admilton. Juízes e procuradores não podem atuar na área fiscal de forma automática. *Conjur*, 26 nov. 2016. Disponível em: <https://www.conjur.com.br/2016-nov-26/juizes-procuradores-nao-podem-automaticos-area-fiscal>.

pela construção do ordenamento constitucional, assim lhe toca o exercício da soberania.

Por conseguinte, os poderes republicanos são desdobramento das funções atribuídas aos seus titulares, abrangendo, destarte, as atividades legislativas, executivas e judiciárias, que ditam a separação deles, aqui, já como "poderes constituídos não podem, com efeito, ser exercidos senão no âmbito da Constituição e nos seus termos". Isso significa "sua subordinação a nação pelos corpos representativos".[67]

A marca registrada do processo de execução fiscal radica em sua insegurança de tal sorte a não possibilitar um desfecho justo em razão da falta de domínio de seus protagonistas (juízes e procuradores fazendários). De fato, a Fazenda Pública não se desincumbe de provar a certeza e a liquidez da certidão da dívida ativa – CDA que, de modo geral, timbra pelo seu caráter de legitimidade.

Decerto em sua composição vislumbra-se a inconsistência dos números que possam lhe emprestar forma e conteúdo e, mais grave ainda, muitas delas tragadas pela prescrição e decadência. Outro fator configura a penhora em bens impenhoráveis nos termos da legislação de regência. De modo especial nem as verbas de alimentação são poupadas diante da sanha fiscalista.

Esse procedimento equivocado poderia ser evitado se a autoridade judiciária tivesse o cuidado de antes ouvir o executado a respeito da natureza dos valores a serem bloqueados. E, ainda preocupante, em alguns casos concretos é obrigado a contratar advogado para se defender em sede jurisdicional.

É a predominância da prática adotada que encerra a filosofia do *arrecadar por arrecadar* sem medir as consequências do ato, pouco importando a justiça tributária. A lógica é de tão somente exercer a escorchar fiscal, sendo essa a tônica do

---

[67] VAZ, Manuel Afonso. *Teoria da Constituição*: o que é a Constituição, hoje? 2. ed. Porto: Universidade Católica Editora, 2015. p 83.

poder de tributar no Brasil, para fazer face, lamentavelmente, aos gastos públicos de má qualidade.

No Brasil, o tributo sempre teve natureza confiscatória e nunca se respeitou a capacidade econômica do contribuinte. A tributação incide de maneira inclemente no consumo. Em decorrência disso, ameaça a sobrevivência e a dignidade dos trabalhadores assalariados a quem cabe financiar a orgia dos supersalários.

Esse é o panorama crítico em que vive o cidadão de nenhum poder aquisitivo. Levado coercitivamente a sustentar uma casta de marajás incrustada nos três poderes, Administração Pública, tribunais de contas e Ministério Público. É pungente a desigualdade social causada por um sistema tributário que fere os princípios da moralidade e da razoabilidade.

5.2 Condução coercitiva de um ex-presidente

A condução coercitiva não se coaduna com a práxis democrática em razão da sua falta de sintonia com a Constituição Federal. Além de se afastar dos cânones da processualística penal, depõe contra a dignidade da pessoa humana. Dela também se pode dizer que viola o direito cidadão de se manter calado diante de seu inquisidor, a fim de evitar a sua autoincriminação, uma garantia da legislação penal.

Isso evidencia a necessidade de contenção dos poderes conferidos aos agentes públicos sob pena de se institucionalizar o ilícito como prática da boa-fé no plano processual, como, aliás, defende o MP pelos seus prepostos de Lava Jato: é o crime contra o crime parafraseando o filme protagonizado por Al Pacino e Robert De Niro: *Fogo entre fogo*. Avise aos distraídos que se está no século XXI, que não comporta essas práticas desarrazoadas.

Como se observa, algumas delas podem configurar o chamado sequestro relâmpago seguido de cárcere privado em face de seu *modus operandi*. Decididamente processual porque não condiz com o tratamento que se deve ser dado ao ser humano. A toda evidência, é de se destacar a falta de competência dos investigadores nesse campo de atuação policial.

Ademais, a condução coercitiva tem se celebrizado não pelo aspecto da eficiência, mas, sobremodo, pela sua pirotecnia porque forjada por ações espetaculosas. Tais desdobramentos revelam sua faceta fascista que não convém à sociedade. A verdade é que se não houvesse os "delatores" não haveria operação Lava Jato, pois, como é do conhecimento público, a roubalheira na Petrobras e outras empresas já vinha sendo perpetrada há muito tempo.

Os delatores, mesmo sob coação e pressão moral, foram os responsáveis diretos pela detonação da quadrilha que saqueava de maneira estruturada os cofres públicos. Foram eles que revelaram a existência do chamado "propinoduto", formado a partir do conluio entre doleiros, marqueteiros, políticos e empresários com a participação ativa dos dirigentes das empresas estatais envolvidas com o famigerado *petróleo*.

As instituições de controle e fiscalização Ministério Público, Tribunal de Contas da União e Controladoria-Geral da União fizeram um papel secundário nesse episódio. Perdidos na atividade prosaica de resoluções de casos banais, corriqueiros e de somenos importância, nunca se deram conta dos saques que vinham sendo perpetrados de dimensão inimaginável, e como se sabe há muito tempo em operação.

A condução coercitiva é a expressão usada no meio forense para designar o ato de levar a pessoa à presença do juízo para depor como investigado ou testemunha, no caso de não ter cumprido notificação judicial emanada do Judiciário. Talvez tal procedimento não surta o efeito desejado, tendo em vista que ninguém pode ser constrangido a produzir provas contra si próprio.

A Constituição garante o direito de silêncio do cidadão que não deseja se autoincriminar. Desse modo, o esforço jurisdicional pode ser inócuo diante dessa circunstância. Assim, se consumado esse propósito, a autoridade judicial revela que agiu de forma abusiva, podendo ser pessoalmente responsável pelo ato cometido ao arrepio da legalidade.

É bom que se diga, a bem da verdade, que a condução de um dos mais influentes personagens da República teve motivação política. Mais espetáculo midiático nas circunstâncias que os fatos se deram em razão da necessidade que se impunha ao caso. É óbvio que esse *modos operandi* não se compraz com a serenidade própria das atividades judiciais na persecução da Justiça.

Não bastasse isso, a diligência policial excedeu os limites impostos pelo ordenamento jurídico, indo além da razoabilidade, até porque não houve nenhuma prova de desapreço por parte do conduzido. Não se coaduna com o espírito do direito conduta dessa natureza, por enquanto condenável por todos os títulos a forma pela qual foi conduzida sem ordem judicial.

Não é crível admitir que isso ocorra num país onde se diz viger um Estado democrático de direito pelos juristas de apelo abstrato. Esse discurso induz ao sentimento de que há vontade de encobrir a realidade, tantas vezes equidistante da pletora de leis. Estas, muitas vezes fraudulentas porque postas por parlamentares destituídos da qualidade moral. O abuso, nesse caso, nasce da fonte ilegítima e se consuma por via jurisdicional pouco afeita à questão do fazer justiça.

Fica assentado que a condução coercitiva não é substitutiva da medida cautelar, como quer o Ministério Público. Portanto, não se circunscreve ao âmbito do poder geral de cautela. No caso pertinente, ao contrário, funcionou como uma nova modalidade de prisão: a relâmpago, ao arrepio da lei e da Constituição.

É profundamente lamentável que neste quadro algumas autoridades cumprem a Constituição. E os seus detratores pouco estão se incomodando com esse fato, assim instalando o caos no processo de interpretação e aplicação da lei. Cada um age de acordo com seu livre autoritarismo, sem sofrer quaisquer consequências pelo seu desatino.

Comportam-se as autoridades de modo abusivo, conforme advertência de Lenio Luiz Streck: "As conduções coercitivas, feitas fora do ordenamento, são abusivas. Nada pode ser coercitivo sem prévia intimação. Condução coercitiva é resposta do Estado a uma indevida resistência de cidadão face a uma intimação".[68]

A propósito, o Código de Processo Penal diz textualmente: a testemunha regularmente intimada que *não comparecer ao ato para qual foi intimada*, sem motivo justificado, poderá ser *conduzida* coercitivamente (art. 218).

5.3 Diálogos de divulgação de interceptações telefônicas

Os termos dos diálogos travados pela então presidente da República com um ex-presidente foram, também, divulgados pela mídia. Essa conduta da operação Lava Jato sob a direção do Juiz Sérgio Moro mereceu o devido reparo do Ministro Teori Zavascki, do STF. Entretanto, o titular da Vara Federal de Curitiba enviou suas desculpas ao ministro reconhecendo seu equívoco ao assim proceder.

A *difusão de diálogos* colhidos de interceptações telefônicas de forma seletiva constitui uma prática ilegal ao expor as pessoas à execração pública. Nessa hipótese, são condenadas por antecipação sem ao menos poder esboçar o mínimo de defesa. Cuida, pode-se dizer, de um comportamento fascista pelo caráter de exceção. Pelo que consta, entretanto, no Brasil ainda se vive sob a égide da democracia republicana nos termos de sua Constituição.

---

[68] STRECK, Lenio Luiz. Abuso e inconstitucionalidade/ilegalidade das conduções coercitivas. *Conjur*, 2 mar. 2017. Disponível em: <https://www.conjur.com.br/2017-mar-02/senso-incomum-abuso-inconstitucionalidadeilegalidade-conducoes-coercitivas>.

Como se sabe, uma das interlocutoras da conversa gravada indevidamente gozava de foro privilegiado. Desse modo, não poderia ser objeto de escuta da autoridade policial, ainda assim não foi observada essa sua condição preconizada pela lei. Isso demonstra o esforço no sentido de dar publicidade a assuntos que devem ter tratamento diferenciado.

Pela mesma forma, achando pouco a atitude tomada, colocaram grampos nos telefones do escritório de advocacia que cuida da defesa do ex-presidente. Não se respeita nem a questão do sigilo profissional que envolve a atividade advocatícia. É preciso advertir que ainda se vive sob a égide de um sistema democrático republicano.

O estado de exceção não convence nem aproveita aos que lutam pela manutenção da democracia. Por isso não se pode abdicar desse caminho, tendo a dignidade da pessoa como preocupação do Estado. Dessa forma, os que saem dos parâmetros legais devem responder pelos seus atos, como sanção ao arbítrio e à prepotência de todos os matizes.

Essa é a missão de que ninguém deverá se furtar ao seu cumprimento sem jactar-se de arauto da democracia, papel que cabe a todos os cidadãos que contribuem para o fortalecimento de uma cultura solidária. Aos cidadãos incumbe impor a sua soberania na edificação da pedra fundamental do Estado democrático de direito.

Art. 42. O artigo 10 da Lei no 9.296, de 24 de julho de 1996, passa a vigorar coma seguinte redação:
Art. 42. Promover interceptação telefônica, de fluxo de comunicação informática e telemática, ou escuta ambiental, sem autorização judicial:
Pena – detenção, de 1 (um) a 4 (quatro) anos, e multa.
§1º Nas mesmas penas incorre quem:
I – promove quebra de sigilo bancário, de dados, fiscal, telefônico ou financeiro sem autorização judicial ou fora das hipóteses em que a lei permitir;
II – dá publicidade, antes de instaurada a ação penal, a relatórios, documentos ou papéis obtidos como resultado de interceptação

telefônica, de fluxo comunicação informática e telemática, de escuta ambiental, de quebra de sigilo bancário, fiscal, telefônico ou financeiro regularmente autorizados.

§2º Se o crime for praticado por agente de Poder ou agente da Administração Pública, servidor público ou não, que, no exercício de suas funções, ou a pretexto de exercê-las, atua com abuso de autoridade, este sujeitar-se-á ao regime de sanções previstas em lei especifica.

5.4 Supersalários: fraude à Constituição por enriquecimento ilícito

5.4.1 Supersalários dos marajás da República e corrupção

Subsídio e remuneração dos agentes públicos estão regulados pela Constituição Federal, nestes termos:

> Art. 37. A administração pública direta e indireta de qualquer dos Poderes da União, dos Estados, do Distrito Federal e dos Municípios obedecerá aos princípios de legalidade, impessoalidade, moralidade, publicidade e eficiência e, também, ao seguinte. [...]
> XI – a remuneração e o subsídio dos ocupantes de cargos, funções e empregos públicos da administração direta, autárquica e fundacional, dos membros de qualquer dos Poderes da União, dos Estados, do Distrito Federal e dos Municípios, dos detentores de mandato eletivo e dos demais agentes políticos e os proventos, pensões ou outra espécie remuneratória, percebidos cumulativamente ou não, incluídas as vantagens pessoais ou de qualquer outra natureza, não poderão exceder o subsídio mensal, em espécie, dos Ministros do Supremo Tribunal Federal, aplicando-se como limite, nos Municípios, o subsídio do Prefeito, e nos Estados e no Distrito Federal, o subsídio mensal do Governador no âmbito do Poder Executivo, o subsídio dos Deputados Estaduais e Distritais no âmbito do Poder Legislativo e o subsídio dos Desembargadores do Tribunal de Justiça, limitado a noventa inteiros e vinte e cinco centésimos por cento do subsídio mensal, em espécie, dos Ministros do Supremo Tribunal Federal, no âmbito do Poder Judiciário, aplicável este limite aos membros do Ministério Público, aos Procuradores e aos Defensores Públicos;

XII – os vencimentos dos cargos do Poder Legislativo e do Poder Judiciário não poderão ser superiores aos pagos pelo Poder Executivo; [...].

A caixa-preta, embora possa revelar um sentido ainda dependente de fixação de seus contornos jurídicos, não é outra coisa senão uma expressão manifesta da corrupção sistêmica e endêmica que assola o país. Constitui, sem dúvida, uma distorção do *subsídio* de alguns segmentos que ocupam cargos na Administração Pública: ou seja, membros dos três poderes, dos tribunais de contas e do Ministério Público. Isso porque os chamados *penduricalhos*[69] criados artificialmente ao arrepio da lei e da Constituição se afiguram como uma forma direta de enriquecimento sem causa e, portanto, ilícito, porquanto concebidos à margem da Constituição Federal.

Como se sabe o teto constitucional do *subsídio* (remuneração total) do servidor é de R$33.700,00 reais. Além de esse patamar violar o postulado estruturante da moralidade pública, evidencia uma afronta aos trabalhadores que recebem, *pasmem*, um salário mínimo de R$937,00 reais e recolheram, em 2015, R$500 bilhões de reais de tributos. Os *supersalários* resultam de atos editados pelos agentes públicos, à sombra do poder sem controle, muitas vezes, recorrendo a artifícios pouco republicanos.

Em consequência disso, faz florescer a figura dos *marajás*, responsáveis pelo recrudescimento da extrema desigualdade remuneratória no serviço público. Mais grave ainda é o fato de que essa prática imoral agrava o quadro de disfunção financeira no plano orçamentário que se agrava no país à custa do uso do dinheiro público. Os penduricalhos configuram uma fórmula mágica de subtração desse dinheiro, sob aparência de legalidade.

---

[69] São as verbas de fonte duvidosa, porque criadas ao arrepio da Constituição, que elevam a remuneração para até R$200.000 (duzentos mil reais) por mês de servidores públicos privilegiados (somatório do subsídio mais penduricalhos).

Essa prática deletéria é uma forma sub-reptícia, despudorada, de incorporação de verbas ao patrimônio privado em detrimento dos trabalhadores assalariados sem teto, sem alimentação, descamisados e, sobretudo, sem saúde e sem educação. Por isso tudo faz crer que se está diante do fenômeno da corrupção, pois, capaz de suscitar a indignação da sociedade diante da possibilidade real de promover o desmantelamento do Estado Social concebido pela Constituição Federal de 1988.

Esse tipo de corrupção precisa ser combatido em todas as suas formas e manifestações de modo sistemático e permanente. Não é com medidas paliativas assentadas em forte apelo midiático na perspectiva do interesse corporativo que vai ser resolvida. Não são *os dez mandamentos* parafraseados de maneira caricata pelo Ministério Público, através de atitude messiânica de seus membros, que vão lograr os efeitos desejados. O espírito de que estão imbuídos está muito abaixo dos propósitos bíblicos referenciados por Moisés, impregnados pelos desígnios divinos.

A questão dos *supersalários* demanda tempo para ser equacionada a fim de avaliar a real situação dessa problemática. Para a consecução desse objetivo central sugere-se que a apuração seja realizada pela operação Lava Jato. Isto porque já era tempo de os *fiscais da lei* apurarem esses saques contra as combalidas finanças públicas do país. É preciso colocar um ponto final nessa farra dos marajás em um país onde os trabalhadores são obrigados a bancar essa conta milionária.

A propósito disso, é muito estranho que das 10 medidas propostas pelo Ministério Público Federal contra a corrupção não constem os tais *penduricalhos* aqui referidos. É óbvio que, por se tratar de enriquecimento ilícito, tal matéria se encaixaria em referida lista. São eles que permitem a expansão da verba remuneratória de um grupo de privilegiados que, por ano, deixam um rombo monumental no orçamento público federal, sem contabilizar os valores recebidos pelos servidores municipais e estaduais. Um levantamento da revista *Veja* demonstra essa assertiva, na medida em que:

Identificou os 5.203 servidores que ganharam acima do teto, em setembro somado o valor que eles receberam além do teto. O prejuízo aos cofres públicos chega a 30 milhões de reais em um único mês. A diferença de 360 milhões de reais por ano daria para pagar por um mês 4000.000 (quatrocentos mil) aposentados que ganham o salário-mínimo. *Repetindo*: *400.000*. A maior parte dos salários acima do teto está no Judiciário, que responde por 21 milhões dos 30 milhões de reais mensais de excesso. O restante vem do Executivo (5 milhões e do Legislativo 4 milhões.[70]

5.4.2 Criminalização de comportamento dessa natureza

A política de remuneração do pessoal da Administração Pública tem admitido, embora de maneira inconstitucional, os famigerados penduricalhos. O subsídio correspondente à *parcela única* determinada pela Constituição deixou de ser referência para efeito remuneratório dos servidores públicos (juízes e promotores). E o teto remuneratório, fixado pela Constituição em R$33.700, constitui letra morta devido à sua não observância pelos poderes, Ministério Público e tribunais de contas, que agem nesse campo ao arrepio da lei.

Certamente, como ocorre nos Estados Unidos, onde as pessoas correm o risco de ser processadas e até presas em razão dessa prática, aqui, não se pode negar que haja, também, essa possibilidade. Afinal, trata-se de um procedimento ilícito perfeitamente caracterizável como *corrupção* e, como tal, os responsáveis poderão responder por isso. A propósito, em entrevista concedida à revista *Veja*, o americano Eric Cantor sobre as dúvidas dessa questão no Brasil afirmou de modo peremptório: "Nos EUA, uma pessoa não entra na carreira pública *para ficar rica. Se fizer isso, vai para a cadeira.* Você tem

---

[70] ZALIS, Pieter. A farra dos marajás. *Revista Veja*, São Paulo, n. 51, 21 dez. 2016. p. 87. Grifos nossos.

de sair da vida pública para ganhar dinheiro. Deveria ser assim no Brasil".[71]

Disso pode-se deduzir que no Brasil os supersalários têm, em sua composição, além do subsídio, uma infinidade de *vantagens eventuais*, envolvendo toda sorte de auxílios atribuídos a cada um de acordo com a criatividade de seus manteres. Chegam a tingir a faixa astronômica de mais de R$200.000 mil reais por mês à custa dos trabalhadores assalariados, que dispõem de R$440, pois o restante do salário-mínimo é usado para pagar tributos.

Não resta a menor dúvida de que receber remuneração indevida de má-fé e ainda aplicar-lhe o efeito cascata configura crime de corrupção, conforme entende a senadora Kátia Abreu, relatora da comissão instaurada visando a apurar tais ilícitos:

> A senadora Kátia Abreu, a frente da relatoria da comissão que fará um pente-fino nos chamados supersalários nos Três Poderes, a senadora Kátia Abreu (PMDB-TO) sustenta que é preciso enfrentar o corporativismo das entidades representativas do Judiciário, que alegam ser alvo de retaliação. "Receber o salário indevido também é corrupção", afirmou a senadora em entrevista ao Estado. [...] defendeu o desmanche de permissões feitas pelo Conselho Nacional de Justiça (CNJ) que garantem o pagamento de aumentos salariais em cascata a magistrados toda vez que há reajuste dos vencimentos dos ministros do Supremo Tribunal Federal.
>
> Na avaliação da senadora, os benefícios como auxílio-moradia e auxílio-creche deveriam estar dentro do teto, atualmente em R$33.763 por mês [...]. Acho que a sociedade não aceita mais. A democracia corporativa não interessa mais a ninguém. Presidentes de entidades dizem que isso é uma perseguição ao Judiciário, que tem atuado no combate à corrupção. Receber o salário indevido também é corrupção. Corrupção não é só fazer superfaturamento,

---

[71] CANTOR, Eric. Democracia na América. *Revista Veja*, São Paulo, n. 41, 12 out. 2016. p. 15. Grifos nossos.

pegar propina de empresa, não é só *mensalão* ou *petrolão*, tem várias formas, inclusive receber salário indevido.[72]

Poder-se-ia assinalar que esse desvirtuado comportamento configura fraude à lei, como adverte José Lois Estévez:

> Ningún jurista puede ignorar que el enriquecimiento sin causa llamado injusto, está prohibida en nuestro Derecho. Por cualquier vía por la que pretende lograrse, semejante resultado no dejará de ser un resultado antijurídico y en consecuencia inadmisible. Si se busca dando apariencias de legalidad al acto o actos que lo procuran, estaremos ante un supuesto palpable de fraude a la ley.[73]

É óbvio que as normas que criam privilégios intoleráveis são desprovidas de qualquer utilidade pública. Visam apenas enriquecer determinados segmentos do serviço público – juízes e promotores, procuradores, políticos – sem justificativa plausível. "Nenhuma lei será estabelecida sem utilidade pública", já dizia a Constituição de 1824 (art. 179, II).

Não se pode atribuir ao Estado a prática de ato ilícito porque este se vincula ao seu agente que por ele deve responder diretamente. A vontade do Estado, portanto, somente se revela se os danos causados a terceiros não se caracterizem como fraudulentos ou dolosos. A ação como um dos atributos do Estado deve ser levada em conta no plano moral.

A plena autonomia orçamentária financeira atribuída ao Ministério Público e ao Poder Judiciário tem, na prática, se revelado inadequada. Isso propiciou a oportunidade de que eles possam propor seu próprio orçamento ao Congresso Nacional. Nesse particular aspecto tem a iniciativa da lei deslocado o eixo do gasto público do Executivo. Tal implica elaboração de folhas distintas de pessoal, conforme adverte Eugênio Aragão:

---

[72] BONFIM, Isabela; DECAT, Erich. Kátia Abreu: "Todos deverão se enquadrar na Constituição". *O Estado de S.Paulo*, 19 nov. 2016.

[73] ESTÉVEZ, José Lois. *Fraude contra direito*. Madrid: Civitas, 2001. p 236.

Hoje você tem, por exemplo, quatro sistemas de folha de pagamento no nível federal, você tem o SIGEPE, que é do poder Executivo, você tem a folha de pagamento do Judiciário, você tem a folha do Ministério Público e tem a do Legislativo, e nenhuma delas conversa entre si. Se o sujeito acumula cargos ele pode ter conflito de ganhar e ganhar, por exemplo, três ou duas vezes auxílio-alimentação, porque o sistema não conversa entre si. [74]

5.5 Atitude dos que se julgam acima da lei

O caso 1 envolve um juiz e uma agente da Lei Seca, ocorrido em fevereiro de 2011, no bairro nobre do Leblon, na cidade do Rio de Janeiro. Tudo começou quando, segundo noticiário veiculado pela mídia, o magistrado João Carlos de Souza Correa, ao ser abordado em uma blitz de trânsito pela agente Luciana Tamburini, entendeu que esta desafiou sua autoridade de membro do Judiciário e, em razão disso, judicializou a questão, reivindicando indenização por danos morais.

Conquanto o juiz tenha sido apanhado em situação irregular em descumprimento à legislação de trânsito, ainda assim não sofreu nenhuma punição. Na oportunidade não portava habilitação, o carro por ele conduzido estava sem placas e não dispunha de documento que comprovasse sua propriedade. Houve desrespeito às regras expressas do Código Nacional de Trânsito ao não apresentar a documentação solicitada pela fiscalização encarnada na figura da agente do trânsito.

Essa postura que não condiz, absolutamente, com os foros de cordialidade entre servidores públicos e não pode chancelar injustiças como, aliás, acontece quando uma das partes se julga acima do bem e do mal. Na verdade, essa tal atitude evidencia "sentimentos de superioridade – e também

---

[74] ARAGÃO, Eugênio. Guerra política. *Revista Caros Amigos,* São Paulo, n. 239, jan. 2017. p. 22.

de imunidade – que certas pessoas atribuem a si próprias, em razão do cargo e autoridade de que se acham investidas".[75] Além de indenizar o magistrado por danos morais, a agente deixou a rua para trabalhar, internamente, no Detran.

O caso 2 envolve o Juiz Marcelo Baldochi, que deu voz de prisão aos empregados de uma companhia aérea, sem que para tanto houvesse justo motivo. Queria embarcar na aeronave mesmo ao custo do retardamento da decolagem, depois de encerrados os procedimentos para a realização da viagem, em detrimento do direito de outros passageiros, que assim já o tinham feito. O fato se ocorreu em Imperatriz, no Maranhão.

5.5.1 Excessos cometidos pelos magistrados

Não se pode negar que situações distintas (infrator e agente de trânsito) podem ter tratamento invertido, sendo apenado exatamente quem não deu causa ao problema. Aqui, embora quem tenha cometido o deslize seja o magistrado, a pena foi aplicada à fiscal do trânsito que apenas cumpria suas funções dentro da normalidade regulamentar.

Três aspectos avultam como da maior importância para o deslinde do caso vertente: *a importância do personagem envolvido, a falta de comprovação da propriedade do veículo e da identificação deste*. A conjugação desses fatores propicia a materialização de um quadro infracional possível de responsabilização.

Em primeiro lugar, infere-se que não portar Carteira Nacional Habilitação no momento da abordagem pode caracterizar um quadro típico *culposo por imperícia caso houvesse vítima ante sua consumação*. Conquanto isso possa traduzir mera formalidade, o documento é indispensável à comprovação de que o condutor está apto ao desempenho de suas atividades de condutor de veículo. Ademais, cuida de uma exigência legal que dela não pode justificar a imunidade de quem quer que seja.

---

[75] SABE com está falando? *Jornal A Tarde*, Salvador, 8 nov. 2014. p. 13.

Do mesmo modo, nenhum documento se apresentou capaz de sanar a dúvida no tocante à propriedade do veículo. Isso é uma exigência do Código Nacional de Trânsito, que não pode ser negligenciada, sob pena de negação da regra disciplinadora da matéria. Com efeito, a propriedade de veículo automotor não é presumível, depende de demonstração documental certificada pelo órgão de trânsito.

De igual sorte, o não emplacamento do veículo pode redundar numa falta injustificada perante o órgão de trânsito, que age no sentido de verificar regularização de tal falha. Nessa linha de intelecção, as placas são diretamente responsáveis pela identificação do veículo que, assim, fica sujeito ao controle e fiscalização das autoridades do trânsito.

Já o *segundo caso* revela, também, excesso na maneira de comportar-se o juiz do Maranhão ao determinar a prisão de quem cumpria as normas da companhia aérea onde trabalhava. E assim o fazia de acordo com as regras estabelecidas para o transporte de passageiros, sem distinção de classe, cor ou clero, como, aliás, manda a Constituição.

5.5.2 Caracterização do abuso de poder de autoridade em razão dos fatos

Do desfecho dos dois casos resulta claro que aos juízes envolvidos nos episódios aqui narrados não assiste razão, na medida em que se recusaram a se submeter aos ditames do ordenamento jurídico, incorrendo, assim, em abuso de poder. Decerto, como qualquer cidadão, têm os referenciados o mesmo dever de respeitar as leis vigentes no país, não podendo usar o cargo para se furtar ao seu cumprimento. Os exemplos não edificam nem dignificam a judicatura, pelo desvio de conduta ao atuar de maneira arbitrária.

Ademais, não se pode dar tratamento diferenciado às pessoas no campo da aplicação do direito, como adverte excerto de editorial *Autoridade abusada*, inserto do jornal *Folha de S.Paulo*:

Seja qual for o desfecho do caso, dele ressalta o contraste entre os dois modelos de organização social. Um, arcaico, em que a aplicação das leis varia segundo o status de quem nelas se vê enredado; e outro, um que todo cidadão é tratado igualmente, em seus direitos e deveres, pelo Estado.[76]

Nessa linha, opina o jornal *O Globo*:

O Brasil continua a ser o país arcaico do "você sabe com que está falando?" O abuso do juiz João Carlos de Souza Correa, ao processar a agente da Lei Seca Luciana Tamburini, comprova. Mais grave ainda é que Souza Correa, apanhado em blitz sem documento e com o carro sem a devida placa, processou a agente e ganhou a causa. Luciana foi condenada a indenizar o juiz em R$5.000,00 (cinco mil reais).[77]

Não é demais salientar que todos são iguais perante a lei conforme, aliás, ditames constitucionais. Portanto, partindo-se dessa premissa, não há como se dar tratamento diferenciado aos membros dos poderes Judiciário, Legislativo e Executivo envolvidos em blitz de trânsito. Nesse plano, os privilégios que buscam atrair para si são destituídos de qualquer fundamento. Além de ilegais, constituem uma afronta à vida republicana.

Infere-se do exposto que o ato do juiz implicou *desacato à autoridade de trânsito* perfeitamente valorado pelo direito, além de constrangê-la pela não submissão ao controle e fiscalização do trânsito a que todos, indistintamente, estão obrigados.

Assim, motivando sua ação contraditória incidiu em falta grave e, portanto, deve responder por isso. Não poderia ser outra a conclusão a que se permite chegar, já que o ato merece ser reparado, pouco importando a sua condição de juiz. E a decisão de primeiro grau corroborada pelo Tribunal de Justiça do Rio de Janeiro não merece prosperar por que injusta.

---

[76] AUTORIDADE abusada. *Folha de S.Paulo*, São Paulo, 8 nov. 2014. p. A2.

[77] VÍTIMA. *Jornal O Globo*, Rio de Janeiro, p. 15, 6 nov. 2014. p. 15. Caderno Opinião.

Os atos de conduta, por todos os títulos, são suscetíveis de ser erigidos à *categoria de abusivos*. Nos casos vertentes, pode-se dizer que houve efetivamente abuso de poder, já que os fatos demonstraram que a prisão do envolvido no episódio foi injusta. E, se assim a questão rende ensejo ao cometimento de uma iniquidade, deve ser reconhecido aos prejudicados o direito de indenização por danos morais.

É o retrato fiel de um país onde predomina o arcaico ao incorporar no seu anedotário a figura de autoridades imbuídas do sentimento de que se tem superpoderes. Não compreendem que, na qualidade de servidores públicos, estão submetidos, também, aos mesmos ditames legais de todos os cidadãos da República.

O conjunto de privilégios, imunidade e outras garantias atribuídas a determinadas categorias profissionais tem contribuído para isso. Esse estado de coisa concorre negativamente para que as leis sejam aplicadas de acordo com o grau de importância de cada um, o que demonstra de forma cabal a preferência pela fórmula de "dois pesos e duas medidas" na composição do litígio. Quem pode mais leva vantagem mesmo que a razão não esteja ao seu lado.

Como se vê, pode-se invocar a lei quando a outra parte goza de privilégios, ainda que inaplicáveis à situação referida aos dois casos, ao prevalecer opinião do mais forte na contenda. Em verdade o que se verificou foi o desprezo do conteúdo substantivo da matéria em desfavor de trabalhadores que apenas cumpriam sua obrigação com suporte em regras as quais se voltavam para a segurança incontestável do transporte aéreo e terrestre.

As atitudes comportamentais dos juízes enredados na trama objeto deste estudo merecem reprovação por não encarnarem a vontade do Estado ético. Revelam de per si comportamentos inadequados, chegando mesmo às raias do abuso de poder perfeitamente capitulado na legislação de regência. Constituem por isso uma afronta à dignidade da pessoa humana, na medida em que atingem empregados probos cumpridores de seus deveres funcionais.

Desenganadamente, a propósito, embora possa se questionar se os empregados adotaram uma postura enérgica, estes agiram, entretanto, como, aliás, a situação assim o exigia, o que autoriza concluir que não tenham atuado de forma a resvalar para o campo do desacato.

Tais mazelas têm sido a tônica no país afora pela prática disseminada de abusos contra os fracos e oprimidos e de favorecimento ao potentado. Aqui, os exemplos se ressaem pela sua singularidade, que faz persistir a famosa "carteirada" consistente na indagação clássica: "sabe como quem está falando"? Assim, verifica-se que "ainda não há entendimento claro sobre os deveres dos cidadãos e os superpoderes de membros do Judiciário brasileiro e outros expoentes, devedores, todos, do bom exemplo".[78]

5.6 Três medidas do MPF contra corrupção

Na realidade, em que pese os 2 milhões de assinaturas, nada foi esclarecido aos subscritores a respeito, tampouco, qualquer debate sobre tais medidas. Aqui, se é favorável à iniciativa popular como legítima detentora do poder. Entretanto, os membros do Ministério Público é que foram os autores do texto referido às regras contra a corrupção e, naturalmente, tiveram o poder de dissuadir essas pessoas, talvez, até insinuando que não assinassem, pois a proposta seria a favor da corrupção, como é comum nas discussões de rua.

Não é demais salientar, sem qualquer desejo de ferir suscetibilidades, que boa parte da população é desinformada sobre questões jurídicas, nomeadamente porque não tem o domínio dessa matéria tão complexa. Tal posição não invalida, todavia, as assinaturas ali consignadas, ante o respeito que se

---

[78] SABE com está falando? *Jornal A Tarde,* Salvador, 8 nov. 2014. p. A3.

tem pelo *povo* a quem cabe participar do desenvolvimento do país. Isso não impede, por outro lado, a crítica que se faz aos autores dos anteprojetos de lei, porquanto mentores e fiadores da referida obra.

Nesse diapasão, para se conseguir um fim almejado por todos, altruístico, seria necessária, também, a adoção de meios lícitos. Na verdade, somente as práticas estabelecidas pelo sistema legal devem ser usadas visando à consecução do bem comum. De sorte que para se conseguir o resultado desejado deve haver comprometimento desse pressuposto, sob pena de a ação ficar comprometida em razão do seu caráter imoral.

Por conseguinte, esse desfecho não seria desejável em razão de não atender ao interesse da sociedade, que professa pela práxis democrática. E, portanto, o ato de agir no plano do dever implica assumir os desígnios da moralidade. Dessa forma, uma pessoa, mesmo revelando boa dose de intenção, rouba os cofres públicos para distribuir aos fracos e oprimidos, como foi o caso de Robin Hood, compromete a boa-fé de que esteve imbuída.

Se a ilicitude que deriva de ilícito é expressão usada para designar, segundo De Plácido e Silva, "a qualidade ou caráter do que é ilícito, isto é, contrário a lei ou ao Direito" (como pode ser utilizada para combater a corrupção. Nítida é sua concepção imoral, pois assim, "se faz ou é feito em contrário a moral e aos bons costumes".[79]

Nesse particular aspecto a questão está resolvida, na medida em que a Constituição Federal não admite essa possibilidade sugerida pelo Ministério Público. E exorciza qualquer proposição desarrazoada determinando de maneira contundente que são inadmissíveis, no processo, as provas obtidas por meios ilícitos. Essa tentativa de transformar a

---

[79] SILVA, De Plácido e. *Vocabulário jurídico*. 28. ed. Rio de Janeiro: Forense, 2009. p. 700-701.

Constituição em uma colcha de retalhos constitui um desserviço à causa da justiça! Basta de tanta falta de seriedade.

A inserção na CF de matérias que desafiam os direitos fundamentais e as declarações internacionais constitui um despropósito porque quebra a força hegemônica do poder constituinte do povo. Passando por cima da Constituição Federal, o STF autorizou a prisão a partir de decisão de segundo grau de jurisdição, contrariando, assim, o princípio da presunção de inocência, o que é uma negação da atividade recursal.

Em editorial, o jornal *Folha de S.Paulo*, de 12.10.2016, sob o título *Dez medidas restringem direito de defesa e exacerbam poder de investigação* assevera: "O pacote inclui diversas alterações que, se adotadas, poderão resultar em verdadeira punição ao investigado. Por exemplo, não parece haver nenhuma necessidade real de aumentar as hipóteses de prisão preventiva ou limitar o alcance do *habeas corpus*".[80]

Aduz, ainda, sobre a possibilidade de anular provas. Considerando as oportunidades como abundantes, para tanto não se deve admitir a aceitação de provas ilícitas, mesmo que, como alegado, sejam colhidas "de boa-fé" pela autoridade. Assim, entende que deve ser afastado como "monólito indivisível e perfeito" e assegura que somente os parlamentares poderão tratar o projeto tecnicamente.

Das 10 minutas de anteprojeto de iniciativa da força-tarefa da operação Lava Jato, pelo menos três delas não guardam ressonância com o ordenamento infraconstitucional, tendo em vista veicularem regras de conteúdo fascista incompatíveis com o regime democrático. São, por esses motivos, atentatórias da dignidade da pessoa humana, ante a opressão que pode afetar os seus brios no que ela tem de mais importante, que é a liberdade e a sua incolumidade física e mental. E o seu

---

[80] DEZ medidas restringem direito de defesa e exacerbam poder de investigação. *Folha de S.Paulo*, 12 out. 2016. Editorial.

direito de não ser molestado, ofendido, posto à prova por quem quer que seja.

Os métodos sugeridos são inaceitáveis porque apenas compatíveis com sua sociedade ainda em estágio primitivo do tempo das masmorras medievais. O avanço que tem possibilitado, ainda que de modo tímido, a construção de uma sociedade justa e solidária, não admite jamais tal retrocesso. Essa atitude açodada não contribui, absolutamente, para remover as contradições do mundo moderno, mas senão para acirrar os ânimos. E, sobremodo, mostrar o seu lado perverso por atingir somente o lado mais vulnerável do povo carente.

O *habeas corpus*, por exemplo, é um instrumento criado pelo direito com o objetivo primordial de garantir ao homem seu direito de ir e vir. Ninguém, mesmo a despeito de enfrentar a corrupção, pode cometer excessos coibidos pela lei. Também, as *provas* não podem ser colhidas de forma ilícita, na medida em que se contrapõem à boa-fé. E, por fim, o teste de integridade, que atinge diretamente a honra do cidadão de sorte a comprometer a sua condição físico-psíquica.

Quanto às três medidas aqui referidas apoiadas pelos membros da Lava Jato, cumpre tecer considerações a respeito de sua inviabilidade. Nenhuma delas se sustenta porque cada uma está fora do compasso que delimita o espaço jurídico. Assim, seu desdobramento se impõe ao melhor esclarecimento dessa problemática dentro do estreito ponto de vista de equidade que conforma o direito.

Eis, portanto, as críticas que me proponho a fazer das três medidas escolhidas, a fim de atender a esse propósito. A visão, dentro de uma perspectiva ético-axiológica, busca demonstrar a impropriedade das proposições por, igualmente, não encontrar ressonância no texto constitucional e com ele não estabelecer qualquer identidade. Assim, o ponto de vista acadêmico propicia a possibilidade de provocação do debate.

5.6.1 O teste de integridade e a condição físico-psíquica do cidadão

A medida nº 1 que cuida da prevenção de condutas lesivas ao patrimônio público impõe no anteprojeto de lei a criação do *teste de integridade* dos agentes públicos. Veja-se como é disciplinada a matéria nesse sentido:

> Art. 1º Esta lei cria o teste de integridade dos agentes públicos no âmbito da administração pública.
> Art. 2º A administração pública, poderá, e os órgãos policiais deverão, submeter os agentes públicos a testes de integridade aleatórios ou dirigidos, cujos resultados poderão ser usados para fins disciplinares bem como para a instrução de ações cíveis, inclusive a de improbidade administrativa, e criminais.
> Art. 3º Os testes de integridade consistirão na simulação de situações sem o conhecimento do agente público, com o objetivo de testar sua conduta moral e predisposição para cometer ilícitos contra a administração pública.[81]

Este anteprojeto de lei (medida) busca forjar a presunção de culpabilidade, partindo da premissa falsa de que todo servidor público é desonesto. Importou-se, assim, de outros flagras o teste de integridade já apelidado pelos juristas de teste da "pegadinha", devido ao inusitado da proposta de mau gosto, porque temperada com ingredientes fascistas, o que merece o repúdio dos que não comungam com tal ideologia do autoritarismo inconsequente.

Transparece que há um desvio no encaminhamento de tal proposição ao querer transformar o ser humano em cobaia de experiências frankensteinianas. Além de draconiana, a proposição atinge a sua incolumidade em flagrante violação do princípio da dignidade humana, que limita qualquer tentativa de tratamento degradante que encarna a linha central dessa regra proposta.

---

[81] TRES, Celso Antônio. *10 medidas contra a corrupção*. Novo Hamburgo, 26 jul. 2016.

Nem no golpe militar que, em 1964, se apossou do poder, os seus prepostos ousaram tomar medida dessa natureza através de conversão em lei. Portanto, o Estado policialesco vivenciado nos tempos de chumbo não pode ser agora substituído pelo Estado de exceção.

Aqui não se pretende de maneira nenhuma contestar a inquestionável legitimidade da iniciativa popular. Ao contrário, a independência da soberania está acima dos poderes republicanos, porque estes emanam dela, isso é um fato incontestável. Há de se ponderar, todavia, que ela não detém técnica legislativa e, portanto, seus projetos devem se adequar a esta, até pelo ângulo ter o domínio do conteúdo substantivo dos anteprojetos de lei encaminhados à Câmara dos Deputados.

Nessa perspectiva, ao Congresso Nacional cabe deliberar e votar sobre matérias pertinentes à sua competência constitucional no campo do devido processo legislativo. É a chamada atividade *interna corporis* que exerce em razão de suas funções básicas. Dessa forma, todas as fases visando à produção das leis são da sua estrita competência, afastando, assim, a intromissão de outros poderes no seu fazer legislativo.

5.6.2 A descaracterização e o esfacelamento do uso do *habeas corpus*

Na parte relativa à Medida nº 4, que cuida do aperfeiçoamento do sistema recursal penal, o MPF propõe as seguintes alterações com referência à utilização do *habeas corpus*:

> Revisão dos recursos do CPP Código de Processo Penal.
> Art. 2º Os artigos 620, 647 [...] do Código de Processo Penal passam a vigorar com as seguintes redações: [...]
> "Art. 647. Dar-se-á habeas corpus sempre que alguém sofrer ou se achar na iminência de sofrer violência ou coação ilegal que prejudique diretamente sua liberdade atual de ir e vir, salvo nos casos de punição disciplinar.
> §1º A ordem de habeas corpus não será conhecida:

CAPÍTULO 5
ATOS PRÁTICOS DE NATUREZA ABUSIVA

I – de ofício, salvo quando for impetrado para evitar prisão manifestamente ilegal e implicar a soltura imediata do paciente;
II – em caráter liminar, salvo quando for impetrado para evitar prisão manifestamente ilegal e implicar a soltura imediata do paciente e ainda houver sido trasladado o inteiro teor dos autos ou este houver subido por empréstimo;
III – com supressão de instância;
IV – sem prévia requisição de informações ao promotor natural da instância de origem da ação penal, salvo quando for impetrado para evitar prisão manifestamente ilegal e implicar a soltura imediata do paciente;
V – para discutir nulidade, trancar investigação ou processo criminal em curso, salvo se o paciente estiver preso ou na iminência de o ser e o reconhecimento da nulidade ou da ilegalidade da decisão que deu causa à instauração de investigação ou de processo criminal tenha efeito direto e imediato no direito de ir e vir
§2º O habeas corpus não poderá ser utilizado como sucedâneo de recurso, previsto ou não lei processual penal." (NR).

As dez medidas, agora, estão reduzidas a nove, tendo em vista que o relator da matéria entendeu que o esfacelamento do *habeas corpus*, impondo-lhe restrições descabidas, não poderá prosperar. De fato, trata-se de um dos instrumentos mais caros à liberdade do homem que não pode ser manipulado ao bel prazer de quem quer que seja. A tentativa precipitada de mudança conceitual e funcional do *habeas corpus* constitui o caminho inexorável do desregramento do ordenamento jurídico, posto que tal implica o desordenamento, levando a um estado desagregador de insegurança jurídica e, assim, abrindo as portas para arbítrio e prepotência de todos os matizes, que não se coadunam com a práxis democrática republicana.

Por essa razão, o fato caracteriza uma maneira de interdição ao acesso de um instrumento capaz pela sua expedita ação de dar cobro ao abuso perpetrado pelas autoridades contra os cidadãos. E isso configura grave lesão ao direito que lhe é assegurado pela Constituição Federal. É esse o mérito do instituto que se revela de grande utilidade no plano sensível das querelas penais.

Por conseguinte, o Congresso Nacional não deve ceder às pressões dos operadores da Lava Jato em razão do devido processo constitucional do qual é titular. De modo que cabe a ele deliberar e aprovar as leis do país sem açodamento. É óbvio, entretanto, que a iniciativa popular legislativa é importante, mas isso quer dizer que seus projetos não possam ser aperfeiçoados no campo da técnica legislativa.

Desqualificar o *habeas corpus* é o mesmo que deixar a pessoa privada de caminhar livremente. É atentar de forma violenta contra a liberdade, relegando-a ao sofrimento. Impossibilitado de trancar os procedimentos: civil, administrativo ou penal, instaurados ou processados sem que ao menos os investigados possam exercer o contraditório e a ampla defesa assegurada pela Constituição Federal no campo da processualística em detrimento do devido processo legal.

O anteprojeto de lei dá nova redação ao art. 647, do Código Processual: "Dar-se-á habeas corpus sempre que alguém sofrer ou se achar na iminência de sofrer violência ou coação ilegal que prejudique diretamente sua liberdade atual de ir e vir, salvo nos casos de punição disciplinar".

Por sua vez, o §1º e seus incs. I a V descaracterizam de modo brutal a figura do *habeas corpus*. Da mesma forma o seu §2º. São regras que não merecem nem ser transcritas pelo absurdo que encerram, levando a Câmara a não as acolher.

A redação dada pela Constituição ao *habeas corpus* pelo legislador constitui dispensa um novo texto, porque é irretocável, como se vê: "Conceder-se-á habeas corpus sempre que alguém sofrer ou se achar ameaçado ou sofrer violência ou coação em sua liberdade de locomoção, por ilegalidade ou abuso de poder".

Como se denota, os arautos da Lava Jato insistem em apequenar um dos instrumentos mais caros à liberdade do cidadão. É a arma do povo contra a prepotência de todos os matizes de autoridades que tem no abuso sua forma preferida de se fazer investigação. É muita pretensão de quem não tem nenhum compromisso com a incolumidade do ser humano.

Diga-se, a bem da verdade, que essa iniciativa despótica não se coaduna com o processo civilizatório. Não há como mudar a sistemática de estrutura e funcionamento de tão importante e expedito instituto. Tanto que a jurisprudência dos tribunais construiu e consolidou uma prática garantida propiciada pelo *habeas corpus* ao longo do tempo devidamente consagrada pela melhor doutrina.

5.6.3 A questão das provas obtidas por meios ilícitos

Com pertinência, as provas a serem colhidas com boa-fé, segundo o Ministério Público Federal, que sejam através de meios lícitos, são a sugestão do texto correspondente:

> Medida 7 – Provas Ilícitas. Art. 1º. Os artigos 157 [...] do Decreto-Lei nº 3689, de 3 de outubro de 1941 – Código de Processo Penal, passam a vigorar com as seguintes alterações:
> Art. 157. São inadmissíveis, devendo ser desentranhadas do processo, as provas ilícitas, assim entendidas as obtidas em violação de direitos garantias constitucionais ou legais.
> §1º São também inadmissíveis as provas derivadas das ilícitas.
> §2º Exclui-se a ilicitude da prova quando:
> I – não evidenciado o nexo de causalidade com as ilícitas;
> II – as derivadas puderem ser obtidas de uma fonte independente das primeiras, assim entendida aquela que por si só, seguindo os trâmites típicos e de praxe, próprios da investigação ou instrução criminal, seria capaz de conduzir ao fato objeto da prova;
> III – o agente público houver obtido a prova de boa-fé ou por erro escusável, assim entendida a existência ou inexistência de circunstância ou fato que o levou a crer que a diligência estava legalmente amparada.

As provas ilícitas colhidas pela operação Lava Jato, apesar da metodologia adotada pela força-tarefa, são provas no plano da processualística e podem ser, até certo ponto, consideradas lícitas. Se assim se pode afirmar é porque elas derivam de comando legal que lhe empresta legitimidade. Outras circunstâncias, entretanto, podem concorrer para macular essa licitude, tornando-as viciadas e, portanto, suscetíveis de questionamento deferido à sua validade.

Se elas estão sob guarda de sigilo de determinadas autoridades, estas não detêm competência para promover sua divulgação. O fato de dar conhecimento pela mídia do material recolhido das testemunhas das delações premiadas, por exemplo, configura um comportamento ilícito possível, portanto, de ser criminalizado. A questão em si tangencia o campo da nulidade devido à impossibilidade de saneamento.

Por conseguinte, essa situação leva inexoravelmente ao *abuso de autoridade*, razão pela qual incorre, independentemente de cada caso, em crime de responsabilidade. Dessa forma, o infrator deve responder pessoalmente pelo dano causado a terceiro, tendo em vista que a Administração Pública não deu causa ao evento. A iniciativa nesse sentido tem amparo no art. 325, do Código de Processo Penal.

Não resta a menor dúvida de que as cláusulas imodificáveis inscritas nos direitos e garantias fundamentais constituem o ponto central da democracia republicana. Destacam-se, entre elas, duas que o Ministério Público deseja suprimir em flagrante atentado à Constituição Federal, por meio das "10 medidas contra a corrupção", parafraseando os "Dez Mandamentos".

É bem provável que boa parte dos que subscrevem o manifesto da Lava Jato não tenham tido a oportunidade de ler o catatau referido à pletora de anteprojetos de lei produzidos pelos seus operadores. Um deles cuida dos ajustes nas nulidades penais (Medida nº 7). Propõe a seguinte alteração no art. 157 do CPP:

§2º Exclui-se a ilicitude quando:

II – O agente público houver obtido a prova de boa-fé ou por erro escusável, assim entendida a existência ou inexistência de circunstância ou fato que o levou a crer que a diligencia estava legalmente amparada.

Trata-se de proposição descabida, tendo em vista afrontar o texto constitucional que disciplina a matéria. Ademais, o seu caráter de improbidade, na medida em que reflete casuísmo momentâneo ditado pelo modismo lavajatense. Aqui, se vê como resultado o renascer da barbárie que ainda teima ressuscitar práticas primitivas consignadas na famosa lei de talião: "Olho por olho, dente por dente". É um retrocesso civilizatório.

Pergunta-se, afinal, como se pode demonstrar a certeza de um fato ou verdade em cima de incerteza e da mentira? Argumentação para sustentar tamanho despropósito além de ridícula é infantil. Mais grave, ainda, é a Lava Jato reconhecer que "lei sem fiscalização é letra morta!". É uma demonstração cabal da inoperância dos órgãos por ela responsáveis.

O processo não perscruta como finalidade a historicidade, porque não é esse o eixo de suas investigações e, muito menos, o dever de verdade matizado pela postura ideologizada de seus operadores supedaneados por uma cultura meramente fraseológica. A verdade real é inalcançável no universo processual de apuração dos fatos.

Para Elmir Duclerc:

> As regras de interpretação da norma, as regras de interpretação da prova, face à realidade, não permitem ao interprete chegar a uma interpretação verdadeira dos fatos, sujeito a processos rigorosamente lógicos de confirmação reputação.

A justificativa do MPF, relativamente às provas ilícitas, é no sentido de que sua conceituação não se adequa à realidade e, da mesma forma, que o legislador não enumerou as suas excludentes. Também na preposição, Medida nº 7, art. 157, §2º, III, não resolve a questão redacional do texto, tendo em vista que, de igual sorte, não conceituou "boa-fé" na qualificação da prova obtida.

As provas ilícitas, além de caracterizar um desrespeito à dignidade da pessoa humana, é um retrocesso ao desafiar os cânones do direito constitucional. Dessa forma, configura uma proposta abusiva, tendo em vista a falta de tato do Ministério Público Federal para propor esse tipo de anteprojeto. A normatividade exige, para sua validação, que ela contenha um mínimo de conteúdo ético a fim de que possa ser internalizada pela sociedade.

Rita A. Mill de Pereyra com Ada Pellegrini Grinover: "Prueba ilícita es la prueba recogida infringiendo normas o principios colocados por la constitución y por las lujes, parada protección de las libertades públicas y de su manifestación como derechos a la intimidad".[82]

A *prova ilícita* não guarda relação de compatibilidade com a eticidade como fator determinante de qualquer ordenamento jurídico. Repugna o cidadão e a sociedade. Ela abrirá um vasto campo para a condenação de inocentes como sói ocorrer no Estado de exceção. Seria o mesmo que instalar o reino da injustiça pela simples razão de não permitir.

A vocação messiânica que emprega tais iniciativas não se coaduna com a atividade sóbria que deve nortear a missão do Ministério Público. Seus membros – poucos, é verdade, e aqui não cabe a generalização – devem se ocupar do seu trabalho sem o enxovalhamento da honra alheia. O libelo acusatório caracterizado como verdade real dos fatos ali narrados no julgamento antecipado do cidadão não condiz com a confiabilidade que lhe emprestou a sociedade.

A lei que pretende enfrentar o chamado abuso de autoridade não tem *caráter intimidatório*, tampouco busca

---

[82] PEREYRA, Rita A. Mill. Escuchas telefónicas. Grabaciones. In: ARAZI, Roland (Coord.). *Prueba ilícita y prueba científica*. Santa Fé: Rubinzal-Culzoni Editores, 2008. p 115.

constranger promotores, procuradores e juízes ou quem quer que seja. Ao contrário, ela se afigura um instrumento de contenção do poder na sua manifestação arbitrária, excessiva, descomedida. Dessa forma, objetiva apenas fazer frente às flagrantes injustiças acaso cometidas pelos referidos servidores, os quais não dispõem de carta branca para fazer o que bem lhes aprouver.

O abuso radica no exercício de um direito legítimo, mas de maneira desvirtuada, capaz de causar danos a outrem. Por isso que revela um comportamento negativo e, portanto, não veicula a vontade estatal em face de seu esvaziamento ético-político. Colocar freio nessa impostura não quer dizer atrapalhar os caminhos da investigação. Não há rota de colisão, pois o que se pretende é o comedimento das decisões, afim de não adentrar no campo da injustiça.

Não é o simples acolhimento da peça da defesa que garante a prolação de uma sentença justa. O processo decisório é mais complexo do que se pensa, assim exige uma reflexão maior dos elementos de sua decomposição para o seu equacionamento fático-jurídico. É preciso analisar com profundidade se a narrativa dos fatos não se perde no campo da artificialidade, nos engendrando uma equação razoável capaz de sensibilizar o julgador.

A invocação da ampla defesa e do contraditório não podem ser ignorada por quem julga, como ocorreu no caso do *impeachment* de Dilma. O rito foi cumprido, mas a presidente foi defenestrada do poder sem que houvesse a comprovação do crime de responsabilidade exigível para a consecução desse objetivo.

CONSIDERAÇÕES FINAIS

Conclui-se do exposto que a postura abusiva não se resume ao campo da hermenêutica, propriamente dito, por que esta versa sobre questão metodológica comprometida tão somente com a interpretação e aplicação do direito. É, portanto, no exercício desse direito, exteriorizado de modo parcial, evidenciado nítido em tal atividade o traço de ideologização capaz pela sua natureza de invalidar a ação perpetrada em razão da contaminação do processo decisório.

Por justo motivo deve, pois, basear-se nos elementos aplicáveis à espécie com vistas à sua adequação ao mundo da realidade factual. Desse modo, devem-se trazer ao campo da fundamentação sentencial dados relevantes recolhidos do universo normativo, jurisprudencial e doutrinário que compõe o universo das práticas jurídicas vinculadas às atividades dos atores da cena jurídica cotidiana agregada, em sua essência, por centenas de elementos ético-axiológicos.

Nessa linha de intelecção infere-se que, em face de sua complexidade, o caso vertente envolvendo o Poder Judiciário e o Executivo é emblemático, na medida de sua relevância para o desate da questão. De fato, são dois entes da Federação inscritos na Constituição da República no mesmo nível hierárquico com funções perfeitamente definidas que demarcam a competência de cada um.

Como se observa, o assunto tangencia o campo do campo normativo do controle de constitucionalidade das leis que, por certo, não deve se limitar apenas à análise dos valores abstratos. Daí, a razão pela qual o Juiz Alcides Mendonça Lima ter pautado sua decisão à luz do texto constitucional. Assim, apesar de ter decidido com acerto, foi processado e condenado pelo Poder Judiciário e, após, considerado inocente pelo Supremo Tribunal Federal por não admitir a figura do crime de hermenêutica no ordenamento jurídico-constitucional.

Essa confusão mental de forjar indícios sem provas convincentes para condenar inocentes aos olhos da opinião pública constitui uma violência, visto que os cidadãos estão protegidos por leis que precisam ser respeitadas.

O caso em questão difere dos tipificados pelo projeto de lei sobre o *abuso de poder* por parte da autoridade. O ato abusivo, aqui, parte do chefe do Poder Executivo e não do magistrado. Não se pode penalizar alguém pelo simples fato de afastar a lei inconstitucional na esfera de sua competência jurisdicional.

Ao contrário do que se propala, o juiz interpretou o direito dentro de parâmetros aplicáveis à espécie e, como tal, jamais poderia ser penalizado, condenado sumariamente. Tanto que o Supremo Tribunal Federal corrigiu a tempo o erro crasso cometido pela instância *a quo*. Como se vê, as queixas de alguns dos juízes e promotores federais, que, com receio do veredicto da justiça, insistem em se julgar ofendidos em sua imagem, são improcedentes, pois a maioria deles atua de modo correto.

Isso sugere, portanto, um quadro de esgarçamento do tecido democrático, dando espaço ao método inquisitorial do processo penal de exceção como retrocesso civilizatório. O que interessa é a condenação sem provas, baseada em ilações, conjecturas, levando à banalização do processo matizada com o seu enxovalhamento. É o ritual e a humilhação das pessoas forjados numa trama policialesca sem compromisso com a verdade, senão com o espetáculo proporcionado com as prisões pirotécnicas de inocentes até prova em contrário.

É obvio que se houvesse nesse caso abuso de autoridade, o ato mesmo seria um ato praticado pelo titular do Executivo ao pretender criminalizar a decisão judicial inquestionável. Ao contrário, é o MPF e a Polícia Federal, com aquiescência judicial, que têm a pretensão de criminalizar as pessoas sem provas de materialização e autoria do delito acaso por elas cometido, julgando-as e condenando-as por antecipação com o apoio ostensivo da mídia, lhes negando o direito de se opor à sanha acusatória que se instalou nos órgãos policiais e seus adjutórios.

Apesar disso, já se esboça um movimento, uma mobilização dos cultores do direito no sentido de denunciar essa prática que não se coaduna os cânones do Estado de direito. A Ordem dos Advogados do Brasil, entidade que congrega todos os advogados do país, se posicionou contra esse estado de coisa, emitindo nota pública a qual repudia o modo de proceder contrário a direito, nestes termos:

> Fomos hoje surpreendidos com a morte, em Florianópolis, do reitor da Universidade Federal de Santa Catarina, Luiz Carlos Cancellier de Olivo. No bilhete que deixou, o professor Cancellier escreveu: "Minha morte foi decretada no dia da minha prisão". Sobre o professor Luiz Carlos Cancellier de Olivo não pesava nenhuma acusação de corrupção. A acusação contra ele foi "não ter dado sequência ao processo administrativo de apuração" de casos de corrupção ocorridos antes de ele assumir a reitoria da Universidade Federal de Santa Catarina – UFSC, nos quais não teve qualquer participação. Mesmo assim foi preso provisoriamente, impedido de ingressar na Universidade e teve sua imagem brutalmente exposta. Assistimos no Brasil à banalização das prisões provisórias e das conduções coercitivas abusivas, realizadas quase sempre de forma espetacular e midiática, sem nenhuma preocupação com a preservação da imagem daqueles que sequer culpados podem ser considerados. É preciso que a sociedade brasileira e a comunidade jurídica discutam o que efetivamente queremos construir. E nós, a Diretoria do Conselho Federal e o Colégio de Presidentes de Seccionais, afirmamos que queremos o respeito à lei, às garantias constitucionais do cidadão e

à garantia da presunção de inocência, para que amanhã não reste, aos ainda não culpados, somente a vergonha, a dor, o opróbrio e o sentimento de injustiça. Não nos peçam o linchamento. Queremos a apuração de todos os fatos e de todas as acusações. Mas conclamamos a todos a dizer não ao culto ao autoritarismo e ao processo penal como instrumento de vingança. Apurar e punir, sim. Violar o devido processo legal, a dignidade da pessoa humana e a presunção de inocência, nunca. Diretoria do Conselho Federal da OAB Colégio de Presidentes de Seccionais da OAB.[83]

O direito, devido às suas características, habita o universo das normas e da realidade cambiante na persecução de certeza, que deve nortear essa harmonia instigante sem a qual a formulação jurídica perde-se no vazio. O discurso linguístico apropria-se de circunstâncias a fim de projetar um ideal falseado da realidade, a fim de justificar o injustificável nesse campo carregado de interrogações e dúvidas.

As consequências disso residem em pensamentos díspares que não se coadunam com o sistema legal para evitar atitudes desmedidas que impliquem arbítrio. O pensamento deve se alinhar ao compromisso ético e ao exercício da imparcialidade na condução dos procedimentos envolvendo os cidadãos conduzidos dentro dos princípios determinantes de grandeza da dignidade da pessoa humana, como, aliás, assegura a Constituição.

Como vimos, segundo seus opositores, nomeadamente os membros do Ministério Público e do Poder Judiciário, que já se manifestaram sobre o assunto, o instrumento normativo busca, em essência, limitar ou mesmo desencorajar a atuação daqueles profissionais. Alegam que há dispositivos que podem induzir ao sentimento de que estes ficarão sujeitos a ser penalizados caso sejam contrariados em seus propósitos,

---

[83] APÓS suicídio de reitor, OAB passou a criticar a espetacularização do processo penal do inimigo. *Conjur*, 3 out. 2017. Disponível em: <https://www.conjur.com.br/2017-out-03/morte-reitor-oab-ataca-espetacularizacao-processo-penal>.

nomeadamente no tocante ao problema que tangencia o campo da interpretação e aplicação do direito.

Cumpre assinalar, por oportuno, que essa preocupação vem de longa data, tempo em que o juiz não gozava de independência para decidir com imparcialidade em sua jurisdição. A interferência inédita de outro poder suscitou um sério debate acerca disso, tendo em vista o não acolhimento pelo juiz Alcides Mendonça Lima de lei que julgou inconstitucional.

Não trata o caso de negativa de vigência de uma lei, mas, sobretudo, de sua invalidade, porquanto não produzida consoante as normas constitucionais. Entretanto, alheio a essa formalidade, o governador do Rio Grande do Sul entendeu que a situação configurava afronta ao Executivo, por isso que, por iniciativa própria, desafiou a autoridade do Poder Judiciário aplicando penalidade, inclusive, de suspensão do exercício do cargo.

REFERÊNCIAS

ACQUAVIVA, Marcos Cláudio. *Dicionário jurídico brasileiro Acquaviva*. 3. ed. São Paulo: Ed. Jurídica Brasileira, 1993.

AGUILÓ REGLA, Josep. *Teoria general de las fuentes del derecho (y el orden jurídico)*. Barcelona: Ariel, 2000.

ALMEIDA, Admilton. Juízes e procuradores não podem atuar na área fiscal de forma automática. *Conjur*, 26 nov. 2016. Disponível em: <https://www.conjur.com.br/2016-nov-26/juizes-procuradores-nao-podem-automaticos-area-fiscal>.

APÓS suicídio de reitor, OAB passou a criticar a espetacularização do processo penal do inimigo. *Conjur*, 3 out. 2017. Disponível em: <https://www.conjur.com.br/2017-out-03/morte-reitor-oab-ataca-espetacularizacao-processo-penal>.

ARAGÃO, Eugênio. Guerra política. *Revista Caros Amigos*, São Paulo, n. 239, jan. 2017.

ATIENZA, Manuel. *Ilícito atípicos; sobre el abuso del derecho, el fraude de ley y desviación de poder*. 2. ed. Madrid: Trotta, 2006.

AUTORIDADE abusada. *Folha de S.Paulo*, São Paulo, 8 nov. 2014.

BACHOF, Otto. *Normas constitucionais inconstitucionais?* Coimbra: Almedina, 2008.

BARBOSA, Rui. *Questão Minas x Werneck*. Rio de Janeiro: MEC/Fundação Casa de Rui Barbosa, 1980.

BLEICHER, Josef. *Hermenêutica contemporânea*. Rio de Janeiro: Edições 70, 1992.

BONFIM, Isabela; DECAT, Erich. Kátia Abreu: "Todos deverão se enquadrar na Constituição". *O Estado de S.Paulo*, 19 nov. 2016.

BRANCO, Elcir Castello. Abuso. In: FRANÇA, Limongi (Coord.). *Enciclopédia Saraiva do Direito*. São Paulo: Saraiva, 1977. v. 2.

BRITO, Miguel Nogueira. *A Constituição constituinte*: ensaio sobre o poder de revisão da Constituição. Coimbra: Coimbra Ed., 2000.

BULLESBACH, Alfred. Saber jurídico e ciências sociais. In: KAUFMANN, A.; HASSEMER, W. (Org.). *Introdução à filosofia do direito em teoria do direito contemporâneas*. Lisboa: Fundação Calouste Gulbenkian, [s.d.].

CANTOR, Eric. Democracia na América. *Revista Veja*, São Paulo, n. 41, 12 out. 2016.

CARDOZO, Benjamin N. *A natureza do processo judicial*. São Paulo: Martins Fontes, 2004.

CARVALHO, Claudio. O Mistério Público do abuso de autoridade. *Jornal A Tarde*, Salvador, 8 jun. 2017. Caderno Opinião.

CORDEIRO, Antônio Menezes. *Litigância de má-fé, abuso do direito de ação e culpa in agendo*. 2. ed. Coimbra: Almedina, 2011.

CORTÊS, Antônio. *Jurisprudência dos princípios*: ensaios sobre os fundamentos da decisão jurisdicional. Lisboa: Ed. Universidade Católica, 2010.

CRUZ PARCERO, Juan Antonio. *El lenguaje de los derechos*. Madrid: Trotta, 2007.

DEZ medidas restringem direito de defesa e exacerbam poder de investigação. *Folha de S.Paulo*, 12 out. 2016. Editorial.

DIPPEL, Horst. *História do constitucionalismo moderno*: novas perspectivas. Lisboa: Fundação Calouste Gulbenkian, 2007.

EM EDITORIAL, Veja diz que autoridades jurídicas têm poder demais. *Conjur*, 15 out. 2016. Disponível em: <https://www.conjur.com.br/2016-out-15/editorial-veja-autoridades-juridicas-poder-demais>.

ESTÉVEZ, José Lois. *Fraude contra direito*. Madrid: Civitas, 2001.

FARALLI, Carla. *A filosofia contemporânea do direito*: termos e desafios. São Paulo: WMF Martins Fontes, 2006.

FERRAJOLI, Luigi. Democracia constitucional y derechos fundamentales. La rigidez de la Constitución y sus garantías. In: FERRAJOLI, Luigi; MORESO, José J.; ATIENZA, Manuel. *La teoría del derecho en el paradigma constitucional*. 2. ed. Madrid: Fundación Geogrico Juridico Europeo, [s.d.].

FERREIRA, Rodrigo Fernandes de Moraes; FERREIRA, José Milton. Discurso de juízes e do MP sobre abuso de autoridade é corporativista. *Conjur*, 28 abr. 2017. Disponível em: <https://www.conjur.com.br/2017-abr-28/discurso-juizes-mp-abuso-autoridade-corporativista>.

FRANÇA, Limongi. Abuso de direito. In: FRANÇA, Limongi (Coord.). *Enciclopédia Saraiva do Direito*. São Paulo: Saraiva, 1977. v. 2.

REFERÊNCIAS | 117

GUERRA, Alexandre. *Responsabilidade civil por abuso de direito*. São Paulo: Saraiva, 2011.

HAIDAR, Raul. Crimes contra a ordem tributária: abusos e fantasias do Fisco. *Conjur*, 6 fev. 2017. Disponível em: <https://www.conjur.com.br/2017-fev-06/justica-tributaria-crimes-ordem-tributaria-abusos-fantasias-fisco>. Acesso em: 13 fev. 2017.

JUSTO, A. Santos. *As nótulas de história do pensamento jurídico*: história do direito. Coimbra: Coimbra Ed., 2005.

KAUFMANN, Arthur. Filosofia do direito, teoria do direito dogmática jurídica. In: KAUFMANN, A.; HASSEMER, W. (Org.). *Introdução à filosofia do direito em teoria do direito contemporâneas*. Lisboa: Fundação Calouste Gulbenkian, [s.d.].

LARENZ, Karl. *Derecho justo* – Fundamentos de ética jurídica. Madrid: Civitas, 2001.

LOMBA, Pedro. *Teoria da responsabilidade política*. Coimbra: Coimbra Ed., 2008.

MATOS, Manuel de Oliveira. *Reflexões jurídicas*. Coimbra: Almedina, 1971.

MATTEUCCI, Nicola. Soberania. In: BOBBIO, Norberto; MATTEUCCI, Nicola; PASQUINO, Gianfranco (Org.). *Dicionário político*. Brasília: Ed. UnB, 1986.

NEVES, Antônio Castanheira. *Metodologia jurídica*: problemas fundamentais. Coimbra: Coimbra Ed., 2013.

NINO, Carlos Santiago. *Introdução à análise do direito*. São Paulo: WMF Martins Fontes, 2010.

OLIVEIRA, Siro Darlan de. Há abuso de autoridade quando juízes punem alguém devido à sua ideologia. *Conjur*, 4 maio 2017. Disponível em: <https://www.conjur.com.br/2017-mai-04/siro-darlan-abuso-autoridade-quando-juizes-punem-ideologia>. Acesso em: 6 maio 2017.

PASSERIN D'ENTRÈVES, Maurizio. *Hannah Arendt y a idéia da ciudadania*. Dimensiones da democracia radical: pluralismo, ciudadania, comunidad. Buenos Aires: Prometeo Libros, 2012.

PASSERIN D'ENTRÈVES, Maurizio. *La noción de Estado*: una introducción a la teoria política. Barcelona: Ariel, 2001.

PERELMAN, Chaim. *Ética e direito*. São Paulo: Martins Fontes, 2000.

PEREYRA, Rita A. Mill. Escuchas telefónicas. Grabaciones. In: ARAZI, Roland (Coord.). *Prueba ilícita y prueba científica*. Santa Fé: Rubinzal-Culzoni Editores, 2008.

POSNER, Richard A. *Fronteiras da teoria do direito*. São Paulo: WMF Martins Fontes, 2011.

POSNER, Richard A. *Problemas da filosofia do direito*. São Paulo: Martins Fontes, 2007.

PRIETO MOLINERO, Ramiro J. *Abuso del derecho*. Buenos Aires: La Ley, 2010.

QUEIROZ, Cristina. *Interpretação constitucional e poder judicial*: sobre a epistemologia da construção constitucional. Lisboa: Coimbra Ed., 2000.

REPOLÊS, Maria Fernanda Salcedo. O caso dos crimes de hermenêutica: precedente do controle difuso de constitucionalidade no Brasil. In: CONGRESSO NACIONAL DO CONPEDI, XVIII, 2009. *Anais...* São Paulo, 2009.

ROULAND, Norbert. *Nos confins do direito*. São Paulo: Martins Fontes, 2008.

ROXIN, Claus. *Estudos de direito penal*. 2. ed. Rio de Janeiro: Renovar, 2008.

RUIZ, Servio Tulio. *La estructura del delito*. Bogotá: Tenis, 1978.

SABE com está falando? *Jornal A Tarde*, Salvador, 8 nov. 2014.

SCHIMITT, Carl. *Teoria de la Constitucion*. Madri: Alianza, 2003.

SILVA, De Plácido e. *Vocabulário jurídico*. 27. ed. Rio de Janeiro: Forense, 2008.

SILVA, De Plácido e. *Vocabulário jurídico*. 28. ed. Rio de Janeiro: Forense, 2009.

STRECK, Lenio Luiz. Abuso e inconstitucionalidade/ilegalidade das conduções coercitivas. *Conjur*, 2 mar. 2017. Disponível em: <https://www.conjur.com.br/2017-mar-02/senso-incomum-abuso-inconstitucionalidadeilegalidade-conducoes-coercitivas>.

TRES, Celso Antônio. *10 medidas contra a corrupção*. Novo Hamburgo, 26 jul. 2016.

TRINDADE, André Karam. Quem vigia os vigilantes? A questão da responsabilidade dos juízes. *Conjur*, 3 dez. 2016. Disponível em: <https://www.conjur.com.br/2016-dez-03/diario-classe-quem-vigia-vigilantes-questao-responsabilidade-juizes>.

VAZ, Manuel Afonso. *Lei e reserva da lei*: a causa da lei na Constituição Portugueza de 1976. 2. ed. Coimbra: Coimbra Ed., 1976.

VAZ, Manuel Afonso. *Teoria da Constituição*: o que é a Constituição, hoje? 2. ed. Porto: Universidade Católica Editora, 2015.

VILLEY, Michel. *O direito e os direitos humanos*. São Paulo: WMF Martins Fontes, 2007.

VÍTIMA. *Jornal O Globo*, Rio de Janeiro, p. 15, 6 nov. 2014. Caderno Opinião.

YAROCHEWSKY, Leonardo Isaac. De erro em erro a Constituição Federal vem sendo rasgada. *Conjur*, 11 abr. 2017. Disponível em: <http://www.conjur.com.br/2017-abr-11/yarochewsky-erro-erro-constituicao-vem-sendo-rasgada>.

ZALIS, Pieter. A farra dos marajás. *Revista Veja*, São Paulo, n. 51, 21 dez. 2016.

ZANFORLIN, José Carlos. Ao contrário da visão do STF, juiz deve responder diretamente por ato ilícito. *Conjur*, 21 jan. 2017. Disponível em: <https://www.conjur.com.br/2017-jan-21/jose-carlos-zanforlin-magistrado-diretamente-ato-ilicito>.

ANEXO

PARECER Nº ____, DE 2017

Da COMISSÃO DE CONSTITUIÇÃO, JUSTIÇA E CIDADANIA, sobre os Projetos de Lei do Senado nº 280, de 2016, do Senador Renan Calheiros, e nº 85, de 2017, do Senador Randolfe Rodrigues, que definem os crimes de abuso de autoridade e dão outras providências.

Relator: Senador **ROBERTO REQUIÃO**

I – RELATÓRIO

Na reunião do dia 19 de abril deste ano, relatei nesta Comissão os Projetos de Lei do Senado (PLS) nº 280, de 2016, e 85, de 2017. Naquela oportunidade, além dos projetos individualmente considerados, analisei as 47 emendas até então apresentadas ao PLS nº 280, de 2016. Na sequência, li o substitutivo que elaborei. A matéria, todavia, não chegou a ser votada, porque foi concedida vista coletiva pelo prazo de cinco dias.

Desta feita, analiso as emendas desde então apresentadas, quais seja, as Emendas nº 48-CCJ e 51-CCJ, que propõe alterações no texto do Substitutivo lido nesta sala.

Sendo assim, trata-se aqui de um relatório complementar ao anterior, razão pela qual pouparei os ilustres Parlamentares de reler tudo o quanto já foi aqui lido na semana passada.

A Emenda nº 48-CCJ, da Senadora Simone Tebet, é no sentido de modificar o art. 3º do Substitutivo, de modo que prevaleça a seguinte redação:

"**Art. 3º** Os crimes previstos nesta Lei são de ação penal pública incondicionada.

§ 1º O Ministério Público terá o prazo de 30 (trinta) dias, prorrogáveis por mais 30 (trinta), contado do recebimento do inquérito ou, tendo esse sido dispensado, do recebimento da representação do ofendido, para requerer novas investigações ou o seu arquivamento, ou oferecer ação penal.

§ 2º Será admitida ação privada subsidiária, dentro de 3 (três) meses após o decurso do prazo de que trata o parágrafo anterior, nos termos do artigo 29 do Código de Processo Penal (Decreto-Lei nº 3.689/1941)".

Na justificação, a autora argumenta que o intuito seria o de corrigir uma impropriedade técnica, por entender incoerente o estabelecimento de legitimidade concorrente para a propositura de ação privada pelo ofendido. Além disso, alega que essa legitimação concorrente seria inconstitucional, posto que Carta Política confere ao Ministério Público a titularidade exclusiva para a ação penal pública.

A Emenda nº 49-CCJ, da Senadora Gleise Hoffmann, aprimora a redação do *caput* do art. 9º do Substitutivo, contemplando uma sugestão formulada na reunião anterior e de pronto acatada por este Relator, de modo que a redação proposta é a seguinte:

"**Art. 9º** Decretar qualquer medida de privação da liberdade, em manifesta desconformidade com as hipóteses legais:

...."

A Emenda nº 50-CCJ, da Senadora Gleisi Hoffmann, modifica a redação do inciso II do art. 17 do Substitutivo, para substituir a expressão "visivelmente grávida" por "gravidez demonstrada por evidência".

A Emenda nº 51-CCJ, da Senadora Simone Tebet, é no sentido de suprimir a expressão "razoável" do texto do § 2º do art. 1º, ao argumento de que confere alto grau de subjetividade ao dispositivo.

A Emenda nº 52-CCJ, do Senador Antonio Carlos Valadares, reproduz sugestão a mim feita pelo Procurador-Geral da República, Rodrigo Janot, que dá ao art. 3º do Substitutivo a seguinte redação:

"**Art. 3º** Os crimes previstos nesta Lei são de ação penal pública incondicionada.

§ 1º Será admitida ação privada se a ação penal pública não for intentada no prazo legal, cabendo ao Ministério Público aditar a queixa, repudiá-la e oferecer denúncia substitutiva, intervir em todos os termos do processo, fornecer elementos de prova, interpor recurso e, a todo tempo, no caso de negligência do querelante, retomar a ação como parte principal.

§ 2º A ação privada subsidiária será exercida no prazo de seis meses, contado da data em que se esgotar o prazo para oferecimento da denúncia."

II – ANÁLISE

Com relação à Emenda nº 48-CCJ, observo que não há impropriedade técnica nem inconstitucionalidade em se estabelecer o concurso entre a ação penal pública e a ação penal privada.

Reconheço, não obstante, que o dispositivo merece ser revisto, não pelos motivos declinados na emenda, mas porque o exercício exacerbado do direito de ação por parte do ofendido poderia acarretar a propositura de demandas infundadas contra os agentes do Estado.

Preocupação nesse sentido me foi reportada pelo Procurador- Geral da República, Rodrigo Janot, que chegou mesmo a sugerir outra redação para esse art. 3º, refletida nos exatos termos da Emenda nº 52-CCJ, que acolho integralmente nesta oportunidade.

Observo que a redação do § 1º do art. 3º, ofertada pelo chefe do Ministério Público da União e reproduzida na Emenda nº 52-CCJ, é idêntica ao do art. 29 do Código de Processo Penal.

Dessa forma, por entender que a redação proposta pela Emenda nº 52-CCJ apresenta vantagem em relação à pugnada pela Emenda 48-CCJ, acolho a primeira e rejeito a segunda.

Acolho a Emenda nº 49-CCJ, por entender desnecessários os exemplos de privação da liberdade que consta do texto do Substitutivo. Suprimo, todavia, a palavra "qualquer" que consta da redação da emenda. Porque também desnecessária.

Acolho a Emenda nº 50-CCJ, por considerar que a redação proposta é melhor do que a que consta do Substitutivo.

Por fim, rejeito a Emenda nº 51-CCJ, pois a razoabilidade, enquanto princípio constitucional, orienta e permeia todo o sistema jurídico brasileiro, sendo certo que sua inserção no § 2º do art. 1º do Substitutivo serve para evitar divergências irrazoáveis. De todo modo, não há que se temer a criminalização da hermenêutica, dado que o § 1º do mesmo art. 1º exige a presença de dolo específico para que reste configurado o crime de abuso de autoridade.

III – VOTO

Pelo exposto, o voto é pela rejeição das Emendas nº 48-CCJ e 51-CCJ e pela aprovação das Emendas 49-CCJ, 50-CCJ e 52-CCJ, que são incorporadas ao Substitutivo com o ajuste que mencionei, tudo na forma da seguinte emenda substitutiva:

EMENDA Nº ____ CCJ (SUBSTITUTIVO) (PROJETO DE LEI DO SENADO Nº 85, DE 2017)

Define os crimes de abuso de autoridade e dá outras providências.

O CONGRESSO NACIONAL decreta:

CAPÍTULO I
Disposições Gerais

Art. 1º Esta Lei define os crimes de abuso de autoridade, cometidos por agente público, servidor ou não, que, no exercício de suas funções ou a pretexto de exercê-las, abuse do poder que lhe tenha sido atribuído.

§ 1º As condutas descritas nesta lei constituem crime de abuso de autoridade quando praticadas pelo agente com a finalidade específica de prejudicar outrem, beneficiar a si próprio ou a terceiro ou ainda por mero capricho ou satisfação pessoal.

§ 2º A divergência na interpretação de lei ou na avaliação de fatos e provas não configura, por si só, abuso de autoridade.

CAPÍTULO II
Dos Sujeitos do Crime

Art. 2º É sujeito ativo do crime de abuso de autoridade qualquer agente público, servidor ou não, da administração direta, indireta ou fundacional de qualquer dos Poderes da União, dos Estados, do Distrito Federal, dos Municípios, de Território, compreendendo, mas não se limitando a:

I – servidores públicos e militares ou pessoas a eles equiparadas;

II – membros do Poder Legislativo;

III – membros do Poder Executivo;

IV – membros do Poder Judiciário;

V – membros do Ministério Público;

VI – membros dos tribunais ou conselhos contas.

Parágrafo único. Reputa-se agente público, para os efeitos desta Lei, todo aquele que exerce, ainda que transitoriamente ou sem remuneração, por eleição, nomeação, designação, contratação ou qualquer outra forma de investidura ou vínculo, mandato, cargo, emprego ou função nas entidades mencionadas no *caput*.

CAPÍTULO III
Da Ação Penal

Art. 3º Os crimes previstos nesta Lei são de ação penal pública incondicionada.

§ 1º Será admitida ação privada se a ação penal pública não for intentada no prazo legal, cabendo ao Ministério Público aditar a queixa, repudiá-la e oferecer denúncia substitutiva, intervir em todos os termos do processo, fornecer elementos de prova, interpor recurso e, a todo tempo, no caso de negligência do querelante, retomar a ação como parte principal.

§ 2º A ação privada subsidiária será exercida no prazo de seis meses, contado da data em que se esgotar o prazo para oferecimento da denúncia.

CAPÍTULO IV
Dos Efeitos da Condenação e das Penas Restritivas de Direitos

Seção I
Dos Efeitos da Condenação

Art. 4º São efeitos da condenação:

I – tornar certa a obrigação de indenizar o dano causado pelo crime, devendo o juiz, a requerimento do ofendido, fixar na sentença o valor mínimo para reparação dos danos causados pela infração, considerando os prejuízos por ele sofridos;

II – a inabilitação para o exercício de cargo, mandato ou função pública, pelo período de 1 (um) a 5 (cinco) anos.

III – a perda do cargo, do mandato ou da função pública, no caso de reincidência em crime de abuso de autoridade.

Parágrafo único. Os efeitos previstos nos incisos II e III deverão ser declarados motivadamente na sentença, exigindo-se, em ambos os casos, a reincidência em crime de abuso de autoridade.

Seção II
Das Penas Restritivas de Direito

Art. 5º As penas restritivas de direitos substitutivas das privativas de liberdade previstas nesta Lei são:

I – prestação de serviços à comunidade ou a entidades públicas;

II – suspensão do exercício do cargo, da função ou do mandato, pelo prazo de 1 (um) a 6 (seis) meses, com perda dos vencimentos e das vantagens;

III – proibição de exercer funções de natureza policial ou militar no município em que houver sido praticado o crime e naquele em que residir e trabalhar a vítima, pelo prazo de 1 (um) a 3 (três) anos.

Parágrafo único. As penas restritivas de direito podem ser aplicadas autônoma ou cumulativamente.

CAPÍTULO V
Das Sanções de Natureza Civil e Administrativa

Art. 6º As penas previstas nesta Lei serão aplicadas independentemente das sanções de natureza civil ou administrativa porventura cabíveis.

Parágrafo único. As notícias de crime previsto nesta lei, se descreverem eventual falta funcional, serão informadas à autoridade competente com vistas à apuração.

Art. 7º As responsabilidades civil e administrativa são independentes da criminal, não se podendo questionar mais sobre a existência do fato ou sobre quem seja seu autor, quando estas questões tenham sido decididas no juízo criminal.

Art. 8º Faz coisa julgada em âmbito cível, assim como no administrativo-disciplinar, a sentença penal que reconhecer ter sido o ato praticado em estado de necessidade, em legítima defesa, em estrito cumprimento de dever legal ou no exercício regular de direito.

CAPÍTULO VI
Dos Crimes e das Penas

Art. 9º Decretar medida de privação da liberdade em manifesta desconformidade com as hipóteses legais:

Pena – detenção, de 1 (um) a 4 (quatro) anos, e multa.

Parágrafo único. Incorre nas mesmas penas a autoridade judiciária que, dentro de prazo razoável, deixar de:

I – relaxar a prisão manifestamente ilegal;

II – substituir a prisão preventiva por medida cautelar diversa ou conceder liberdade provisória, quando manifestamente cabível;

III – deferir liminar ou ordem de *habeas corpus*, quando manifestamente cabível.

Art. 10. Decretar a condução coercitiva de testemunha ou investigado manifestamente descabida ou sem prévia intimação de comparecimento ao juízo.

Pena – detenção, de 1 (um) a 4 (quatro) anos, e multa.

Art. 11. Executar a captura, prisão ou busca e apreensão de pessoa que não esteja em situação de flagrante delito ou sem ordem escrita de autoridade judiciária, salvo nos casos de transgressão militar ou crime propriamente militar, definidos em lei, ou de condenado ou internado fugitivo.

Pena – detenção, de 1 (um) a 4 (quatro) anos, e multa.

Art. 12. Deixar injustificadamente de comunicar prisão em flagrante à autoridade judiciária no prazo legal:

Pena – detenção, de 6 (seis) meses a 2 (dois) anos, e multa.

Parágrafo único. Incorre nas mesmas penas quem:

I – deixa de comunicar, imediatamente, a execução de prisão temporária ou preventiva à autoridade judiciária que a decretou;

II – deixa de comunicar, imediatamente, a prisão de qualquer pessoa e o local onde se encontra à sua família ou à pessoa por ele indicada;

III – deixa de entregar ao preso, no prazo de 24 (vinte e quatro) horas, a nota de culpa, assinada pela autoridade, com o motivo da prisão e os nomes do condutor e das testemunhas;

IV – prolonga a execução de pena privativa de liberdade, de prisão temporária, de prisão preventiva, de medida de segurança ou de internação, deixando, sem motivo justo e excepcionalíssimo, de executar o alvará de soltura imediatamente após recebido, ou de promover a soltura do preso, quando esgotado o prazo judicial ou legal.

Art. 13. Constranger o preso ou o detento, mediante violência, grave ameaça ou redução de sua capacidade de resistência, a:

I – exibir-se ou ter seu corpo ou parte dele exibido à curiosidade pública;

II – submeter-se a situação vexatória ou a constrangimento não autorizado em lei;

III – produzir prova contra si mesmo ou contra terceiro.

Pena – detenção, de 1 (um) a 4 (quatro) anos, e multa, sem prejuízo da pena cominada à violência.

Art. 14. Fotografar ou filmar, permitir que fotografem ou filmem, divulgar ou publicar filme ou filmagem de preso, internado, investigado, indiciado ou vítima, sem seu consentimento ou com autorização obtida mediante constrangimento ilegal, com o intuito de expor a pessoa a vexame ou à execração pública.

Pena – detenção, de 6 (seis) meses a 2 (dois) anos, e multa.

Parágrafo único. Não haverá crime se o intuito da fotografia ou filmagem for o de produzir prova em investigação criminal ou processo penal ou o de documentar as condições do estabelecimento penal.

Art. 15. Constrange a depor, sob ameaça de prisão, pessoa que, em razão de função, ministério, ofício ou profissão, deva guardar segredo ou resguardar sigilo.

Pena – detenção, de 1 (um) a 4 (quatro) anos, e multa.

Parágrafo único. Incorre nas mesmas penas quem prossegue com o interrogatório de quem decidiu exercer o direito ao silêncio ou o de quem optou por ser assistido por advogado ou defensor público, sem a presença do seu patrono.

Art. 16. Deixar de identificar-se ao preso, por ocasião de sua captura, ou quando deva fazê-lo durante sua detenção ou prisão, assim como identificar-se falsamente:

Pena – detenção, de 6 (seis) meses a 2 (dois) anos, e multa.

Parágrafo único. Incorre nas mesmas quem:

I – como responsável por interrogatório, em sede de procedimento investigatório de infração penal, deixa de identificar-se ao preso;

II – atribui a si mesmo, sob as mesmas circunstâncias do inciso anterior, falsa identidade, cargo ou função.

Art. 17. Submeter o preso, internado ou apreendido ao uso de algemas ou ao de qualquer outro objeto que lhe restrinja o movimento dos membros, quando manifestamente não houver resistência à prisão, ameaça de fuga ou risco à integridade física do próprio preso, da autoridade ou de terceiro:

Pena – detenção, de 6 (seis) meses a 2 (dois) anos, e multa.

Parágrafo único. A pena é aplicada em dobro se:

I – o internado tem menos de dezoito anos de idade;

II – a presa, internada ou apreendida estiver grávida no momento da prisão ou apreensão, com gravidez demonstrada por evidência ou informação;

III – o fato ocorrer em penitenciária.

Art. 18. Submeter o preso a interrogatório policial durante o período de repouso noturno, salvo se capturado em flagrante delito ou se ele, devidamente assistido, consentir em prestar declarações:

Pena – detenção, de 6 (seis) meses a 2 (dois) anos, e multa.

Art. 19. Impedir ou retardar, injustificadamente, o envio de pleito de preso à autoridade judiciária competente para a apreciação da legalidade de sua prisão ou das circunstâncias de sua custódia:

Pena – detenção, de 1 (um) a 4 (quatro) anos, e multa.

Parágrafo único. Incorre nas mesmas penas o magistrado que, ciente do impedimento ou da demora, deixa de tomar as providências tendentes a saná-lo ou, não sendo competente para decidir sobre a prisão, deixa de enviar o pedido à autoridade judiciária que o seja.

Art. 20. Impedir, sem justa causa, a entrevista pessoal e reservada do preso com seu advogado:

Pena – detenção, de 6 (seis) meses a 2 (dois) anos, e multa.

Parágrafo único. Nas mesmas penas incorre quem impede o preso, o réu solto ou o investigado de entrevistar-se pessoal e reservadamente com seu advogado ou defensor, por prazo razoável, antes de audiência judicial, e de sentar-se ao seu lado e com ele comunicar-se durante a audiência, salvo no curso dos interrogatórios ou no caso de audiência realizada por videoconferência.

Art. 21. Manter presos de ambos os sexos na mesma cela ou espaço de confinamento:

Pena – detenção, de 1 (um) a 4 (quatro) anos, e multa.

Parágrafo único. Incorre nas mesmas penas quem mantém, na mesma cela, criança ou adolescente na companhia de maior de idade ou em ambiente inadequado, observado o disposto no Estatuto da Criança e do Adolescente.

Art. 22. Invadir ou adentrar, clandestina, astuciosamente ou à revelia da vontade do ocupante, o imóvel alheio ou suas dependências, assim como nele permanecer nas mesmas condições, sem determinação

judicial ou fora das condições estabelecidas em lei:

Pena – detenção, de 1 (um) a 4 (quatro) anos, e multa.

§ 1º Incorre nas mesmas penas quem, na forma prevista no *caput.*

I – coage alguém, mediante violência ou grave ameaça, a franquear-lhe o acesso a imóvel ou suas dependências;

II – executa mandado de busca e apreensão em imóvel alheio ou suas dependências, mobilizando veículos, pessoal ou armamento de forma ostensiva e desproporcional, ou de qualquer modo extrapolando os limites da autorização judicial, para expor o investigado a situação de vexame;

III – cumpre mandado de busca e apreensão domiciliar após as 21 horas ou antes das 5 horas.

§ 2º Não haverá crime se o ingresso for para prestar socorro, ou quando houver fundados indícios que indiquem a necessidade do ingresso em razão de situação de flagrante delito ou de desastre.

Art. 23. Inovar artificiosamente, no curso de diligência, de investigação ou de processo, o estado de lugar, de coisa ou de pessoa, com o fim de eximir-se de responsabilidade ou de responsabilizar criminalmente alguém ou agravar-lhe a responsabilidade:

Pena – detenção, de 1 (um) a 4 (quatro) anos, e multa.

Parágrafo único. Incorre nas mesmas penas quem pratica a conduta com o intuito de:

I – eximir-se de responsabilidade civil ou administrativa por excesso praticado no curso de diligência;

II – omitir dados ou informações, assim como com o de divulgar dados ou informações incompletas, para desviar o curso da investigação, da diligência ou do processo.

Art. 24. Constranger, sob violência ou grave ameaça, o funcionário ou empregado de instituição hospitalar, pública ou particular, a admitir para tratamento pessoa cujo óbito tenha ocorrido, com o fim de alterar local ou momento de crime, prejudicando sua apuração:

Pena – detenção, de 1 (um) a 4 (quatro) anos, e multa, além da pena correspondente à violência.

Art. 25. Proceder à obtenção de prova, em procedimento de investigação ou fiscalização, por meio manifestamente ilícito:

Pena – detenção, de 1 (um) a 4 (quatro) anos, e multa.

Parágrafo único. Na mesma pena incide quem faz uso de prova, em desfavor do investigado ou fiscalizado, tendo prévio conhecimento de sua ilicitude.

Art. 26. Induzir ou instigar pessoa a praticar infração penal com o fim de capturá-lo em flagrante delito, fora das hipóteses previstas em lei:

Pena – detenção, de 6 (seis) meses a 2 (dois) anos, e multa.

§ 1º Se a vítima é capturada em flagrante delito, a pena é de detenção, de 1 (um) a 4 (quatro) anos, e multa.

§ 2º Não configuram crime as situações de flagrante esperado, retardado, prorrogado ou diferido.

Art. 27. Requisitar instauração ou instaurar procedimento investigatório de infração penal ou administrativa, em desfavor de alguém, à alta de qualquer indício da prática de crime, de ilícito funcional ou de infração administrativa:

Pena – detenção, detenção, de 6 (seis) meses a 2 (dois) anos, e multa.

Parágrafo único. Não há crime quando se tratar de sindicância ou investigação preliminar sumária, devidamente justificada.

Art. 28. Divulgar gravação ou trecho de gravação sem relação com a prova que se pretenda produzir, expondo a intimidade ou a vida privada, ou ferindo honra ou a imagem do investigado ou acusado:

Pena – detenção, de 1 (um) a 4 (quatro) anos, e multa.

Art. 29. Prestar informação falsa sobre procedimento judicial, policial, fiscal ou administrativo com o fim de prejudicar interesse de investigado.

Pena – detenção, de 6 (seis) meses a 2 (dois) anos, e multa.

Parágrafo único. Incorre nas mesmas penas quem, com igual finalidade, omite dado ou informação sobre fato juridicamente relevante e não sigiloso.

Art. 30. Dar início ou proceder à persecução penal, civil ou administrativa, sem justa causa fundamentada ou contra quem o sabe inocente:

Pena – detenção, de 1 (um) a 4 (quatro) anos, e multa.

Art. 31. Estender injustificadamente a investigação, procrastinando-a em prejuízo do investigado ou fiscalizado:

Pena – detenção, de 6 (seis) meses a 2 (dois) anos, e multa.

Parágrafo único. Incorre nas mesmas penas quem, inexistindo prazo para execução ou conclusão do procedimento, o estende de forma imotivada, procrastinando-o em prejuízo do investigado ou do fiscalizado.

Art. 32. Negar ao interessado, seu defensor ou advogado acesso aos autos de investigação preliminar, ao termo circunstanciado, ao inquérito ou a qualquer outro procedimento investigatório de infração penal, civil ou administrativa, assim como impedir a obtenção de cópias, ressalvadas as peças relativas a diligências em curso ou que indiquem a realização de diligências futuras, cujo sigilo seja imprescindível:

Pena – detenção, de 6 (seis) meses a 2 (dois) anos, e multa.

Art. 33. Exigir informação ou cumprimento de obrigação, inclusive o dever de fazer ou de não fazer, sem expresso amparo legal:

Pena – detenção, de 6 (seis) meses a 2 (dois) anos, e multa.

Parágrafo único. Nas mesmas penas incorre quem se utiliza de cargo ou função pública ou invoca a condição de agente público para se eximir de obrigação legal ou para obter vantagem ou privilégio indevido.

Art. 34. Deixar de corrigir, de oficio ou mediante provocação, tendo competência para fazê-lo, erro relevante que sabe existir em processo ou procedimento:

Pena – detenção, de 3 (três) a 6 (seis) meses, e multa.

Art. 35. Coibir, dificultar ou, por qualquer meio, impedir, sem justa causa, a reunião, a associação ou o agrupamento pacífico de pessoas para fim legítimo:

Pena – detenção, de 3 (três) meses a 1 (um) ano, e multa.

Art. 36. Decretar, em processo judicial, a indisponibilidade de ativos financeiros em quantia que extrapole exacerbadamente o valor estimado para a satisfação da dívida da parte, deixando de corrigi-lo ante a demonstração, pela parte, da excessividade da medida:

Pena – detenção, de 1 (um) a 4 (quatro) anos, e multa.

Art. 37. Demorar demasiada e injustificadamente no exame de processo de que tenha requerido vista em órgão colegiado, com o intuito de procrastinar seu andamento ou retardar o julgamento:

Pena – detenção, de 6 (seis) meses a 2 (dois) anos, e multa.

Art. 38. Antecipar o responsável pelas investigações, por meio de comunicação, inclusive rede social, atribuição de culpa, antes de concluídas as apurações e formalizada a acusação.

Pena – detenção, de 6 (seis) meses a 2 (dois) anos, e multa.

CAPÍTULO VII
Do Procedimento

Art. 39. Aplicam-se ao processo e ao julgamento dos delitos previstos nesta Lei, no que couber, as disposições do Decreto-Lei nº 3.689, de 3 de outubro de 1941 – Código de Processo Penal, e da Lei nº 9.099, de 26 de setembro de 1995.

CAPÍTULO VIII
Das Disposições Finais

Art. 40. O art. 2º da Lei nº 7.960, de 21 de dezembro de 1989, passa a viger com a seguinte redação:

"**Art. 2º**

§ 4º-A. O mandado de prisão conterá necessariamente o período de duração da prisão temporária estabelecido no art. 2º, bem como o dia em que o preso deverá ser libertado.

§ 7º Decorrido o prazo contido no mandado de prisão, a autoridade responsável pela custódia deverá, independentemente de nova ordem da autoridade judicial, pôr imediatamente o preso em liberdade, salvo se j á tiver sido comunicada da prorrogação da prisão temporária ou da decretação da prisão preventiva.

§ 8º Para o cômputo do prazo de prisão temporária, inclui-se o dia do cumprimento do mandado de prisão". (NR)

Art. 41. O art. 10 da Lei nº 9.296, de 24 de julho de 1996, passa a vigorar com a seguinte redação:

"**Art. 10.** Constitui crime realizar interceptação de comunicações telefônicas, de informática ou telemática, promover escuta ambiental ou quebrar segredo da Justiça, sem autorização judicial ou com objetivos não autorizados em lei:

Pena – reclusão, de dois a quatro anos, e multa.

Parágrafo único. Incide nas mesmas penas a autoridade judicial que determina a execução de conduta descrita no *caput*, com objetivo não autorizado em lei." (NR)

Art. 42. A Lei nº 8.069, de 13 de julho de 1990, passa a vigorar acrescida do seguinte artigo 244-C:

"**Art. 244-C.** Para os crimes previstos nesta Lei, praticados por servidores públicos com abuso de autoridade, o efeito da condenação previsto no artigo 92, inciso I, do Decreto-Lei nº 2.848, de 7 de dezembro de 1940 (Código Penal), somente incidirá em caso de reincidência.

Parágrafo único. A perda do cargo, do mandato ou da função, nesse caso, independerá da pena aplicada na reincidência".

Art. 43. A Lei nº 8.906, de 4 de julho de 1994, passa a viger acrescida do seguinte art. 7º-B:

"Crime contra direito ou prerrogativa de advogado

Art. 7º-B. Violar direito ou prerrogativa de advogado previstos nos incisos II a V do art. 7º:

Pena – detenção, de três meses a um ano, e multa."

Art. 44. Revogam-se a Lei nº 4.898, de 9 de dezembro de 1965, o § 2º do art. 150 e o art. 350, ambos do Decreto-Lei nº 2.848, de 7 de dezembro de 1940 (Código Penal).

Art. 45. Esta Lei entra em vigor 120 (cento e vinte) dias após a sua publicação.

Sala da Comissão,

_____, Presidente
_____, Relator

Sala da Comissão,

_____, Presidente
_____, Relator

Esta obra foi composta em fonte Palatino Linotype, corpo 10 e
impressa em papel Offset 75g (miolo) e Supremo 250g (capa)
pela Gráfica e Editora Laser Plus em Belo Horizonte/MG.